EUGÈNE ROBIN

POËTE, CRITIQUE ET PUBLICISTE.

PAR

L. ALVIN,

DE LA CLASSE DES BEAUX-ARTS DE L'ACADÉMIE.

> Les immortels ne doivent pas nous
> faire dédaigner les éphémères.
>
> St-RÉNÉ-TAILLANDIER.

BRUXELLES.

BRUYLANT-CHRISTOPHE ET Cie, ÉDITEURS,

RUE BLAES, 33.

1867

EUGÈNE ROBIN.

Brux. — Typ. BRUYLANT-CHRISTOPHE & Cⁱᵉ, rue Blaes, 33.

EUGÈNE ROBIN

POÈTE, CRITIQUE ET PUBLICISTE.

PAR

L. ALVIN,

DE LA CLASSE DES BEAUX-ARTS DE L'ACADÉMIE.

Les immortels ne doivent pas nous
faire dédaigner les éphémères.

St-Réné-Taillandier.

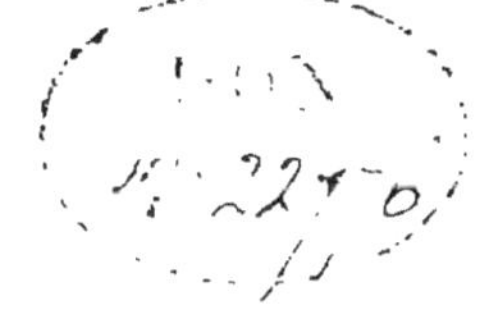

BRUXELLES.

BRUYLANT-CHRISTOPHE ET Cⁱᵉ, ÉDITEURS,

RUE BLAES, 33.

1867

LA LECTURE.

Reportons-nous à trente-quatre ans
en arrière ; entrons dans la maison, n° 4,
de la rue des Douze Apôtres, à Bruxelles.
Le rez-de-chaussée est occupé par un
magasin de modes. Montons au premier.
Trois amis y ont leur domicile, une
chambre à coucher pour chacun, un salon

en commun. Ils sont encore jeunes ; le plus âgé n'a pas vingt-sept ans. L'un, c'est un poëte, est arrivé depuis peu ; il vient de s'échapper de la forteresse de Maestricht que la Hollande continue à tenir en état de siége. Déjà connu dans le monde littéraire par de gracieuses études lyriques, il rassemble les mélancoliques inspirations de sa jeunesse pour les offrir au public sous le titre de *Primevères*.

Il a bien prouvé depuis que sa vocation était sérieuse, qu'il avait été choisi et marqué par la Muse ; son talent, sans jamais se démentir, s'est développé et fortifié avec l'âge.

L'autre locataire de cet appartement est un sculpteur, un élève de Thorwaldsen et de Kessels, deux maîtres illustres ; il commence à modeler le mausolée qui sera érigé quatre ans plus tard au prince de Méan, archevêque de Malines, primat de la Belgique. Il couronnera sa carrière par une œuvre magistrale, le monument que Liége consacrera à la mémoire de la famille carlovingienne dont la cité éburonne fut le berceau.

Le troisième, enfin, comment le désignerai-je? Il a aussi, comme le premier, des velléités de poésie, passion malheureuse traversée de bien des obstacles ; il borne aujourd'hui son ambition à se faire accepter pour un administrateur passable doublé d'un quart d'homme de lettres.

Ce soir-là, le salon commun réunissait les trois amis pour une petite solennité

littéraire, une lecture, un début. Quatre
autres personnages complétaient le jury,
le comité : deux hommes de lettres, un
peintre, un fonctionnaire public. Celui
qui paraissait présider cet aréopage était
grave et doux d'aspect ; il n'avait pas
dépassé de beaucoup la cinquantaine,
mais il paraissait plus âgé qu'il ne l'était
effectivement. Il avait une de ces figures
dont Raphaël se fût volontiers servi
comme modèle d'un des philosophes de
son tableau de l'École d'Athènes. Sa vue
extrêmement basse se voilait en outre
d'une cataracte qui envahissait un de ses
yeux ; mais le front était haut et noble et
le crâne n'était pas encore trop dégarni de
cheveux ; l'ensemble des traits avait de
la distinction, presque de la majesté.

Toutefois, la lèvre inférieure, un peu forte et pendante, lui donnait un air placide contrastant avec la vivacité de son esprit ; sa parole lente et toujours correcte rendait plus piquantes les saillies qui sortaient souvent de cette bouche habituellement d'une excessive bienveillance.

Depuis plus de dix ans déjà, cet homme respectable est mort regretté de tous ceux qui l'ont connu, laissant après lui le souvenir d'un beau talent au service du plus noble caractère. Si l'indifférence du public ne paralyse point nos efforts, un volume de cette galerie sera consacré à cet écrivain qu'il est de l'honneur national de ne point laisser tomber dans un oubli absolu.

Près du vieillard, écoute, d'un air souriant et étonné, un homme jeune encore, au teint coloré, noir de cheveux, aux yeux noirs et vifs. C'est un poëte, un rêveur avec des instincts satiriques; hier encore esprit frondeur, enfant de Voltaire, comme presque tous ceux de sa génération. Il a entendu, il n'y a pas bien longtemps, la voix de celui qui criait dans le désert, et il a été touché de la grâce. Il rumine peut-être, tout en écoutant son jeune émule, les belles strophes qu'il adressera tout à l'heure à l'illustre auteur du livre de l'*Indifférence en matière de religion*. Trente-quatre années écoulées depuis ce temps ont fait de cet homme un vieillard, et, pendant cette longue part de la vie humaine, il n'a plus dévié de la direction dans laquelle Lamennais en a poussé tant d'autres sans s'y pouvoir maintenir. C'est une âme sereine qui attend, avec la foi du charbonnier, l'existence de par delà, sans trop de souci de ce qui se passe dans ce bas monde.

Pour le peintre, il est assis devant la table qu'éclaire une lampe astrale, il dessine à la plume un taureau rendu furieux par l'attaque d'une meute. Si vous voulez connaître cette physionomie énergique, allez au Temple des Augustins, un jour de cérémonie publique ; regardez le tableau dans lequel Gustaf Wappers a représenté un épisode de la révolution de 1830, vous y verrez à gauche, un peu au-dessous de la tête du cheval, cet artiste, aussi bon patriote qu'excellent peintre, la pique sur l'épaule, accentuant un geste

très-animé. Plus de quarante ans de la-
beurs incessants n'ont point affaibli sa
vigueur ; il travaille encore aujourd'hui
avec plus de ténacité que la plupart des
jeunes gens ; sa réputation s'est étendue
et se maintient au loin.

Le fonctionnaire qui complète l'audi-
toire s'en est allé, à peu de temps de là,
sans laisser de trace dans les lettres ou
dans les arts ; c'était un homme d'esprit,
fin connaisseur en matière de littérature.
Il était alors attaché à l'administration
provinciale du Brabant.

Deux bougies brûlaient sur une table
à jeu où brillait le verre d'eau tradition-
nel : c'était la tribune. Il y avait plus de
deux heures que durait la lecture. Elle
avait été écoutée avec une sympathique

attention, souvent interrompue par des bravos.

Quand le poëte, qui avait à peine vingt ans, eut prononcé le dernier vers de son drame, tous les auditeurs se levèrent et vinrent lui serrer la main et lui adresser des félicitations. Aucun de ceux qui pouvaient pressentir un rival dans le débutant n'éprouva la moindre jalousie. En ce temps-là, une seule pensée préoccupait les hommes de lettres : travailler à la glorification de la nationalité renaissante. Chacun songeait à apporter sa pierre à l'édifice ; un de plus, une nouvelle recrue, c'était une bonne fortune ; on lui faisait accueil, tant on était convaincu que ce n'était pas trop du concours de tous pour mener à bien l'entreprise

Le jeune auteur parut d'abord tout ahuri ; il ne s'attendait point à ce succès, lui qui, jusque-là, avait douté de lui-même, malgré les visées ambitieuses de ses secrètes aspirations. Son rêve de gloire, qu'il avait caché dans les replis les plus intimes de son cœur, n'était donc pas tout à fait une illusion ! Il y avait donc pour lui un avenir !

Bientôt la joie, une joie d'enfant gâté, déborda ; on le vit alors sauter sur les meubles, sur les chaises et sur la table, au risque de renverser la lampe ; il battait des mains, riant, pleurant en même temps. Il fallut le grand air pour le calmer.

La cloche de Sainte-Gudule avait depuis longtemps sonné minuit lorsqu'on

se sépara. Rentré chez lui, le poëte ou-
vrit le calepin qui recevait ses confidences. Voici la note qu'il y inscrivit :

« 6 juillet 1855. — Aujourd'hui, j'ai lu
Égoïsme chez Alvin. MM. Lesbroussart, Van
Hasselt, Jéhotte, Giron, Fabri et Verboeck-
hoven y étaient. Ils m'ont donné tant d'éloges
que j'ai fini par espérer. Ainsi, voici ma chimère presque réalisée. J'irai à Paris faire représenter ce drame singulier, je n'y ai mis
que deux mois (15 avril au 15 juin) ; il est vrai
que l'idée me germait dans la tête depuis
longtemps. Oh ! si la carrière que je me suis
proposé de parcourir s'ouvrait à moi par un
succès ! »

Voilà de quelle façon Eugène Robin
fut introduit dans la carrière des lettres.
Je lui ai alors en quelque sorte placé le

pied dans l'étrier ; n'ai-je pas aujourd'hui
le droit de me charger du soin de rappeler de quelle manière il a fourni sa
carrière, hélas ! trop courte ?

II

PREMIÈRES ANNÉES.

PREMIÉRES ANNÉES.

Lorsque la révolution belge éclata, il n'y avait que bien peu de jours qu'Eugène Robin avait entendu, pour la dernière fois, proclamer son nom parmi les lauréats des concours classiques de l'Athénée de Bruxelles. Quelques mois plus tard. son professeur de rhétorique

que les événements avaient porté à la direction supérieure de l'instruction publique, M. Philippe Lesbroussart, le recevait, en qualité de commis d'ordre, dans ses bureaux. Ces fonctions-là n'étaient pas assurément celles auxquelles la nature destinait le jeune homme : tenir un *indicateur*, ranger des paperasses dans les cartons, rédiger parfois une lettre d'envoi ou un accusé de réception, dresser l'inventaire des pièces d'un dossier, ou un état d'émargement, telle était pourtant la besogne offerte à cette intelligence qui avait besoin de bien autres exercices pour accomplir la mission que des facultés hors ligne lui imposaient. Mais il fallait vivre, et la mère de notre commis, restée veuve, chargée d'une

famille composée d'une fille et de deux
fils, était à bout de sacrifices et de ressources. Comment eût-elle pu supporter
les frais du complément d'études que les
jeunes gens aisés vont demander aux uni-
versités ?

Eugène avait donc accepté avec em-
pressement l'offre de son ancien professeur. A dix-huit ans, si l'on n'a pas de
fortune patrimoniale, si l'on n'a rien à
attendre des oncles d'Amérique, on ne se
montre pas difficile sur le choix d'un
état ; on s'installe avec transport dans la
première situation venue, fût-elle médiocre. Quelle qu'elle soit, elle fait de
vous un homme. Vous allez conquérir
votre indépendance, vous soulagerez
votre mère, vous serez le chef de la fa-

mille. Quelle perspective pour celui qui a toujours été jusque-là traité en enfant! Il suffit, pour obtenir ce glorieux résultat, de sacrifier, chaque jour, quelques heures à un travail fastidieux ; qui donc hésiterait? C'est une véritable émancipation. Vienne le jour où l'on émarge pour la première fois : quelle joie ! On joue, en petit, le rôle de la Providence : voici d'abord la part de la maison ; on l'apporte à la maman, heureuse, fière, reconnaissante ; on s'est contenté de prélever une bagatelle : un cadeau pour la sœur, et, pour soi-même, tout juste de quoi avoir des gants frais aux soirées, aux bals, aux dîners du mois. C'est ainsi que les choses se passent quand on a le cœur bon, le goût du monde, et que l'on préfère la

société des femmes de bien aux plaisirs
de l'estaminet. Eugène avait ce cœur et
ce goût-là ; il possédait aussi les agréments extérieurs et le tour d'esprit qui
font qu'on réussit dans la bonne compa-
gnie. Petit, mais admirablement bien pris
dans sa taille, il avait des pieds et des
mains de vicomte, une vraie tête de Ché-
rubin, — c'est de celui du *Mariage de
Figaro* que j'entends parler, — des cheveux noirs bouclés naturellement, des
yeux expressifs et veloutés. Il pouvait,
sans danger d'être reconnu, se parer de
vêtements de femme ; les plus expérimentés s'y fussent laissé prendre, une
nuit de carnaval : un jeune homme a-t-il
ce teint mat, cette peau fine, si fine que
les taches de rousseur y percent au prin-

temps comme pour appeler la rosée de
mai? Ajoutez à cela des délicatesses
excessives de sentiment, une constante
retenue dans ses propos, une sorte d'horreur instinctive de tout ce qui est vul-
gaire. D'ailleurs plus adroit qu'on ne
l'eût imaginé aux exercices du corps;
sachant supporter la fatigue, plein de
cœur et de fermeté virile. En mil huit
cent trente et un, lors de la brusque
agression de la Hollande, il s'associa,
avec enthousiasme, au mouvement patriotique qui entraînait le peuple belge à
la défense de sa jeune nationalité et du
trône récemment érigé. Il prit la cara-
bine et marcha, dans les rangs des chasseurs dits de Chasteler, au-devant du
désastre que l'impéritie et la trahison

avaient dès longtemps préparé. Il offrait donc, dans sa jeunesse, le modèle de ce qu'on appelait jadis un cavalier accompli.

D'où lui venaient sa distinction personnelle et ses goûts aristocratiques? Était-il né au sein d'une famille qui depuis plusieurs générations avait vécu dans l'aisance et, comme on dit, noblement? Il ne pouvait point se vanter d'une longue suite d'aïeux illustres, il ne portait point d'écu blasonné; son père avait même exercé une profession dans laquelle la dignité humaine est exposée à d'étranges hasards, qui n'est pas la plus favorable du monde à la bonne éducation des enfants, mais où peuvent pourtant se rencontrer de fort honorables individualités, la profession ennoblie par Molière.

Le père d'Eugène Robin, fils d'un professeur d'une ville de province, en France, avait fait, après de bonnes études, ce qu'on appelle un coup de tête, qui le brouilla avec sa famille. Il s'était engagé dans une troupe de comédiens et avait surtout exaspéré ses parents en venant débuter sur le théâtre de sa ville natale. Il n'entre point dans mon plan de suivre ce jeune fou dans les péripéties de sa carrière dramatique, qui ne fut point sans éclat, puisqu'il obtint d'être admis comme sociétaire de la Comédie-Française, où il était connu sous le nom de Saint-Eugène. Il avait couru la province et les pays étrangers, ici donnant des représentations, là, dirigeant le théâtre. Strasbourg, Bordeaux, Lisbonne, Londres, furent ses principales étapes. Il avait organisé, dans cette dernière ville, des conférences ou lectures qui eurent d'abord du succès, mais qui bientôt ne lui procurèrent plus des ressources suffisantes ; il était venu ensuite à Bruxelles avec l'espoir d'obtenir une place de lecteur à la cour ; ce poste fut donné à un autre et Saint-Eugène s'en revint à Paris où il mourut jeune encore.

Cette existence vagabonde avait été bien pénible ; le pauvre comédien avait eu, de bonne heure, une famille à entretenir. Il s'était marié dans de telles conditions qu'il n'avait pas plus de secours à attendre de la famille de sa femme que de la sienne propre.

Il était en représentation à Strasbourg lorsqu'il attira l'attention d'une fille de bonne maison, mademoiselle Robertine Rémi de Cantin. Les parents de cette demoiselle habitaient un château des environs de Douai. Il est presque superflu de dire que c'est contre leur gré que se fit le mariage, qui fut célébré, assurément sans beaucoup de pompe, dans la ville de Tournai. Eugène Robin fut le second des enfants issus de ce mariage; il vint au monde à Bordeaux le 19 octobre 1812, passa les années de sa première enfance à Lisbonne, puis à Londres, et dès l'âge de douze ans, se trouva, avec sa mère, sa sœur et son frère, fixé à Bruxelles.

Ainsi, un père doué des principales qualités qui font le véritable artiste, une mère dont une éducation soignée avait orné l'esprit et dont l'infortune avait trempé le cœur, telle fut la souche d'où sortit ce rejeton qui promettait de devenir un arbre puissant et beau.

Eugène Robin avait rapporté de son séjour en Angleterre l'usage facile de la langue de Milton et de Shakespeare; grâce à la société qu'il vit plus tard à Bruxelles, il la parlait comme sa langue maternelle, il en connaissait et il en aimait la littérature, ce qui lui fut d'un grand secours dans les travaux qui ont rempli sa vie. Mais ce qu'il avait surtout gagné au contact des mœurs anglaises, c'est une remarquable distinction de manières, un sentiment des convenances, un respect presque religieux de sa personne, qualités bien précieuses et qui sont, surtout dans la jeunesse, un préservatif souverain contre le danger des plaisirs grossiers et des intimités dégradantes.

Toute médaille a son revers ; ces qualités ont aussi leur écueil ; une réserve quelque peu hautaine envers des camarades qui veulent être traités en égaux, est bientôt taxée de fierté. Robin s'inquiétait médiocrement de la sympathie de ses collaborateurs ; il visait plus haut. Ne voyant dans sa position qu'un pis-aller essentiellement transitoire, il n'eut jamais l'idée de se choisir, dans ce milieu d'occasion, des familiarités qui pussent l'accompagner dans sa carrière future, non encore ouverte, mais manifestement visible devant ses yeux.

En attendant, ses relations se renfer-
maient presque exclusivement dans la
colonie anglaise ; c'est là qu'il vivait
vraiment, qu'il entretenait et qu'il développait le germe de sociabilité qu'il avait
en lui et qu'il trouvait un aliment à son
besoin d'élégance. Est-il surprenant qu'il
ait pris en dégoût sa position dans l'administration ? Il voyait bien que Dieu qui
lui avait assigné sa part d'intelligence,
de génie peut-être, la lui avait mesurée
plus libéralement qu'il n'était nécessaire
pour ce qu'en pouvait réclamer l'emploi
où le hasard l'avait jeté.

C'est par le travail qu'il voulait vaincre les obstacles, et s'élancer vers un
avenir plus digne de lui. S'il n'avait pas
poussé ses études classiques au delà des

limites tracées par le programme des col-
léges, il avait profité, pendant qu'il était
encore sur les bancs de la rhétorique, de
la faculté qui lui avait été offerte de suivre le cours de littérature générale que
M. Baron donnait au Musée. Ses huma-
nités achevées, il n'avait point aban-
donné les études littéraires; au contraire,
il s'était mis à réfléchir sur ce qu'on lui
avait appris et à se demander ce qu'il lui
restait à apprendre. Il vit que la route
parcourue était bien peu de chose en
comparaison de celle qui s'ouvrait devant
lui ; il fit alors ce que tous les hommes
supérieurs sont contraints de faire à l'issue de l'enseignement officiel ; il refit son
éducation sur un plan nouveau. Qu'on ne
s'étonne pas de ce résultat, qui n'est pas

la critique de l'enseignement des écoles
publiques; celui-ci ne peut jamais être
organisé qu'en vue du plus grand nombre,
et le grand nombre, c'est la médiocrité.

Les circonstances lui vinrent aussi en
aide : c'était le temps où les doctrines de
Saint-Simon essayaient de passer de la
théorie à la pratique, où l'utopie se voulait faire réalité. Eugène qui avait lu avec
avidité le *Globe*, ce promoteur de tant
d'excellentes idées littéraires et histori-
ques, y avait rencontré sur la philoso-
phie, sur la religion, sur la politique, des
nouveautés qui l'avaient forcé à réfléchir, et à se former, pour son usage personnel, des opinions propres sur toutes
les matières que, dans ses études précé-
dentes. il avait trouvées absolument ré-

glées et arrêtées : l'école nouvelle les lui présentait sous un jour inattendu. Quand les apôtres du saint-simonisme ouvrirent leurs prédications à Bruxelles, ils le trouvèrent tout préparé. Il fut un de leurs adeptes jusqu'au moment où il s'aperçut qu'il n'irait pas bien loin avec de tels guides, ou plutôt qu'il pourrait être entraîné trop loin dans une voie qui n'était point celle vers laquelle ses instincts le poussaient. La religion de Saint-Simon ne donnait point satisfaction à son besoin d'idéal ; elle ne lui présentait aucune solution satisfaisante aux redoutables problèmes qui agitaient son cœur depuis que son esprit avait pénétré dans le domaine de la métaphysique.

Il arriva un moment où sa situation

morale lui devint aussi pénible que sa situation matérielle. Flottant sans principe accepté, il avait perdu une partie de son énergie, il était bien près du découragement.

J'interrogerai souvent ces pages confidentielles où j'ai déjà une fois puisé. Il semble qu'en les laissant pendant de longues années entre mes mains, Eugène ait voulu que je connusse la situation de son âme au début de la vie et que, par là, je fusse à même de bien juger le chemin qu'il devait faire dans la voie du perfectionnement moral.

Il n'y avait pas deux ans qu'il était entré dans l'administration qu'il en était entièrement dégoûté. On pourra juger combien il se trouvait malheureux lors-

qu'on aura lu quelques notes que je vais
transcrire. Le 27 octobre 1832 — quinze
mois environ avant la scène de début qui
a été racontée au commencement de cette
étude, — il traçait ces mots sur son calepin : « Je suis mécontent de tout. Combien cela durera-t-il? Je ne sais. — Il
m'est venu une belle idée de drame. La
mettrai-je à exécution? Je ne sais. Le
sujet serait tiré de l'invasion des bar-
bares. J'y travaillerai. Il faut qu'à trente
ans j'aie un nom ou que je meure. Je ne
puis supporter l'idée de vivre obscur. Et
je ne voudrais pas sortir de mon obscurité par quelque chose d'indigne de ce
que je suis. »

On trouve dans son calepin quelques
scènes ébauchées qui doivent appartenir

à ce projet de drame, dont il a aban-
donné l'idée. Ce qui caractérise cette
époque de sa vie, c'est l'indécision et le
découragement. Il sent qu'il n'est pas à
sa place, mais il ne discerne pas encore
fort bien la place qui lui convient; il a
une énergique volonté d'arriver; mais le
chemin à parcourir ne se montre pas encore nettement à lui. Les obstacles qui
hérissent la route l'effrayent par moment.
Écoutez la plainte qu'il exhale le 10 novembre 1832 : « Il y a longtemps que je
n'ai écrit dans ce journal (il n'y avait pas
quinze jours). J'ai passé tous ces jours-ci
d'une manière bien désagréable. Le temps
s'écoule et je suis toujours à me demander à quoi je suis destiné, si je dois être
un jour quelque chose ou rien. Il y a des

moments où je désespère complétement
de moi-même et d'autres où je crois pouvoir reprendre courage. César à vingt
ans pleurait sur les lauriers d'Alexandre.
Ce ne sont pas ces lauriers-là qui font
mon ambition ; mais j'en envie d'autres
qui ne me viendront pas probablement.
— Je viens d'avoir vingt ans. C'est la
première année que je me sens vieux
parce que je n'ai encore rien fait. Il y a
un an, j'étais bien content d'avoir mes
dix-neuf ans. Je ne pensais pas encore
à me faire un nom comme poëte, et j'ai-
mais une femme plus âgée que moi. J'au-
rais voulu me grimer. Aujourd'hui, je
l'aime encore cette femme, mais il est
probable que je ne la reverrai plus. Tous
les moments si délicieux que j'ai passés

je ne les éprouverai plus avec elle. La
douleur que j'ai ressentie à voir briser
sitôt ces nœuds, à l'éternité desquels je
croyais, dans toute mon inexpérience,
m'a fait songer enfin à confier au papier
les pensées que je ne puis communiquer
à personne, parce que personne ne sym-
pathise avec moi. Les uns ne me com-
prendraient pas, les autres ne s'en don-
neraient pas la peine. De là, mon besoin
de poésie, de là les idées de gloire qui
germent en moi depuis un an, et depuis
ce temps, je n'ai encore rien produit qui
me donne le droit d'espérer cette gloire.
Si je réussis un jour, je ne relirai pas
sans être attendri ces pages où je tâche
à me consoler de n'être rien. Si je ne
réussis pas, je me trouverai bien ridi-

cule. Et pourtant ce ne sera pas le désir
d'être poëte, ce sera la force de le devenir qui m'aura manqué ; ce ne sera pas le
manque d'idées qui m'aura fermé la carrière, ce sera la difficulté d'exprimer nettement tout ce chaos de pensées qui se
heurtent dans ma tête. J'ai souvent des
éclairs qui me donnent l'espoir de voir se
réaliser ma chimère et, tout à coup, je
les vois s'évanouir en fumée. »

C'est bien là le thème de toutes les
lamentations qui, à cette époque, faisaient le fond des recueils de poésie
échappés de la plume de tant de jeunes
hommes bien portants et malheureux seulement en imagination. Quelques années
plus tard, Eugène Robin n'aura pas assez
de sarcasmes pour flageller ce travers. Sa

plainte alors était pourtant sincère, bien que les motifs par lesquels il la justifie puissent paraître assez chimériques.

« Je n'ai jamais été, je crois, si malheureux moralement, écrit-il le 16 novembre. Je l'attribue à ce que je me trouve en ce moment-ci dans un état négatif de bien-être matériel. Je puis faire un retour sur moi-même et ce retour m'est pénible. Je me sens brûlé de mille désirs et je n'en puis satisfaire aucun. J'éprouve un malaise général ; il y a dans la vie monotone et obscure que je mène quelque chose de désolé comme les campagnes de ce pays par un temps de pluie. C'est à prendre en dégoût l'existence. Jusqu'à quand durera cet état de marasme ? Je ne sais. Il me faudrait une bonne secousse pour m'en faire sortir. »

Dans la première jeunesse, quand on

n'a pas encore éprouvé de chagrin sérieux, l'ennui est le plus grand de tous les
maux. Notre jeune homme s'ennuyait. Je
le reconnais, il n'avait point d'avancement
à attendre dans la carrière de l'administration ; il avait donc raison de chercher à
en sortir. Mais si l'emploi ne lui convenait
point, convenait-il lui-même à l'emploi ? J'étais alors son chef immédiat,
il ne m'ayait pas fallu beaucoup de temps
pour me convaincre qu'il s'était fourvoyé
en entrant dans les bureaux. Souvent,
lorsque je traversais la pièce où il travaillait, je le voyais cacher, avec préci-
pitation, des papiers entre les feuillets de
son indicateur ou un livre dans le tiroir
de son pupitre. A la longue, il me devint
difficile de continuer à faire semblant de

ne rien voir. Je lui dis un jour, c'était en juin 1833 :

— Mon cher Robin, je vous vois depuis quelque temps, cacher des papiers quand vous m'entendez ouvrir la porte. Vous occupez-vous de quelque travail littéraire? Dans ce cas, vous n'avez pas besoin de vous cacher, je comprends que vous ne soyez pas satisfait de votre position ici et que vous cherchiez à l'améliorer ou à en sortir. La littérature n'est peut-être pas une carrière bien sûre, mais avec du talent et du courage on peut y réussir.

Il parut d'abord un peu surpris et légèrement contrarié; on suppose volontiers des dispositions peu bienveillantes à ceux que le hasard nous a donnés pour supérieurs hiérarchiques, surtout lorsqu'on se croit supérieur à eux par l'intelligence. Après un peu d'hésitation, il me répondit :

— Je travaille en effet à un poëme, à un drame.

— Aurez-vous assez de confiance en moi pour me le montrer ?

— Il n'est pas achevé.

— Notre chef commun, M. Lesbroussart, votre ancien professeur, passe pour un bon juge en ces matières ; je pourrais l'inviter à assister à une lecture avec quelques autres personnes en état d'apprécier votre œuvre. Cela vous irait-il ?

Il accepta la proposition, mais demanda un délai de quelques jours afin de mettre la dernière main à son ouvrage.

On a vu, au début de cette étude, comment, le 6 juillet 1833, la lecture du drame
Égoïsme fut accueillie.

A quelque temps de là, j'eus l'occasion
de présenter Eugène Robin à M. Charles
Rogier, qui fit un bienveillant accueil au
jeune poëte. C'était dans la salle du Grand
Concert, au bal que la garde civique
de Bruxelles donnait, je crois, aux offi-
ciers de l'armée. Grâce à une légère sub-
vention offerte par le ministre, *Égoïsme*
fut imprimé et produisit une certaine
sensation. Enfin, toujours par la protec-
tion de M. Ch. Rogier, une place de sténographe à la chambre des représentants
permit à l'employé de jeter l'indicateur
aux orties et lui donna des loisirs qu'il sut
utiliser.

Le calepin confidentiel contient encore quelques notes relatives à cette époque. Le 1er juillet, c'est-à-dire six jours avant la soirée des débuts, Robin avait porté son manuscrit à M. Mathis, un acteur du théâtre de la Monnaie, où l'on jouait encore le drame, la comédie et la tragédie. Il n'a pas mentionné l'avis qu'il a dû recevoir de ce praticien.

Le 7, qui était un dimanche, il dîne chez un de ses auditeurs de la veille : il a soin de noter cette circonstance. « J'ai dîné, écrit-il, chez Mme G... elle est bien aimable. Elle est peut-être la seule qui n'ait pas oublié nos P P. en Saint-Simon. »

C'est bien ; cela prouve que lui-même n'a pas perdu la mémoire de ceux qui lui ont ouvert l'esprit sur certaines perspectives : son poëme était déjà, en plusieurs de ses parties, un hommage rendu aux doctrines de ses maîtres.

Un homme qui depuis s'est fait un nom honorable dans la presse, et qui a conquis l'estime des Belges, parmi lesquels il s'est définitivement fixé, fondait à cette époque, à Bruxelles, un journal hebdomadaire, l'*Artiste*, qui a eu le sort de presque toutes les publications du même genre tentées en Belgique, une trop courte existence. M. Campan entendit parler de la lecture d'*Égoïsme*, il fit au jeune poëte des offres de collaboration.

Celui-ci avait en portefeuille plus d'une élégie, plus d'une ode revêtant de formes poétiques les lamentations qu'il confiait à son calepin seulement en vile prose. Il

choisit dans son recueil et donna au nouveau journal une pièce intitulée : l'*Oubli
des morts*.

« J'ai vu Campan, écrit-il le 9 juillet,
il m'a demandé une pièce de vers à insérer
dans son *Artiste*. — Je lui ai donné
l'*Oubli des morts*. »

Quant au sentiment qui a inspiré l'élégie qu'il confia à l'*Artiste*, il était très-
avouable. La note ci-après, extraite de
son calepin, montre à quelle occasion elle
fut écrite.

« 24 octobre 1833. Voici qu'un an s'est
écoulé depuis la mort de Parent de Beau-
regard. Singulière destinée que la sienne.
Noble du Dauphiné, élève de l'école
militaire, lieutenant des chasseurs à
19 ans, chef d'escadron, capitaine d'état-

major à vingt ans, il dissipe sa fortune,
se trouve sans le sou et sans grade
en 1815 ; conspire et se fait *carbonaro*
lors du complot de Berton ; s'exile en
Belgique, étudie, pour la première fois
de sa vie, les sciences, devient ingénieur
et meurt à l'âge de 41 ans, usé, blasé,
dégoûté de tout, loin de sa famille, entre
les bras d'étrangers. Nous étions six ou
sept à son enterrement qui s'est fait selon
le rite de l'église anglicane. Sa dernière
larme a été pour la Pologne, sa dernière
imprécation pour les prêtres, sa dernière
pensée pour une sœur qui, riche et con-
sidérée, n'a pas voulu ou n'a pas pu
payer un millier de francs de dettes qu'il
avait contractées. Jolie destinée ! — Ç'a
pourtant été à quelque chose près celle

de mon père. Seulement, lui, a éprouvé la joie d'être père, si c'en est une quand on a la perspective de mourir de faim avec ses enfants. La fatalité a voulu que je pusse soigner à son lit de mort un étranger que je ne connaissais que depuis peu ; et mon père, je l'ai vu pour la dernière fois quatre ans avant sa mort, et il s'en est allé mourir tout seul dans la ville la plus détestable du monde pour l'étranger qui est dans la misère. »

Il avait été coupable d'oubli envers un mort chéri ; il faisait amende honorable ; son élégie est une offrande expiatoire.

Eugène Robin n'eut pas à se louer de l'accueil que reçurent les premiers vers qu'il communiquait au public. Un critique alors en renom s'exprime ainsi, à propos du premier numéro de l'*Artiste* :

« La politique, soit active, soit spéculative, s'est emparée du petit nombre d'individus qui auraient pu fonder parmi nous une estimable littérature du 18e numéro. Cette littérature, nous en convenons avec orgueil, commençait, en 1850, à donner au genre humain de légitimes espérances. Quand la révolution belge éclata, M. Nothomb avait déjà traduit trois pages de *Jean-Paul* en assez bon français luxembourgeois; M. Lesbroussart méditait l'analyse d'un roman en deux volumes; M. Lebeau s'était distingué par une demi-douzaine de charades insérées dans la *Récompense*; M. Rogier avait écrit deux pages fort éloquentes sur la nécessité d'un chemin vicinal entre Liége et Quincampois ; M. Smits, le référendaire, le statisticien, le tragique, achevait la traduction du poëme de Saint-Prosper sur les ingrats. Un jour, l'insurrection vint ravir tous ces grands hommes à la Belgique littéraire, pour en faire cadeau à la Belgique administrative. Nos Fontanes devinrent séna- teurs et nos Andrieux tribuns.

« Le premier numéro de *l'Artiste* ne nous a point paru un alléchement convenable. Un M. Robin y a fourré les plus exécrables vers qui aient jamais abîmé l'oreille humaine ; on y trouve un article de M. Campan, homme d'esprit, qui s'est fait bête ce jour-là, proba- blement pour vivre en bonne harmonie avec ses collaborateurs.

« En changeant de rédacteurs, en trouvant des auteurs, en se procurant des lecteurs, il se peut que *l'Artiste* fournisse une belle et brillante carrière. En attendant, pour rendre justice à tout le monde et pour résumer notre opinion sur l'exécution matérielle et intellec- tuelle de l'entreprise, nous dirons qu'il est impossible de rien lire de plus sot et de rien voir de plus joli. »

Cette diatribe est de M. Ch. Froment ; elle se trouve dans le *Messager de Gand* du 27 juillet 1833.

Et pourtant, il y avait, dans cette pièce de vers qu'on a la cruauté d'appeler exécrable, des strophes qui promettaient un poëte et un penseur.

Qu'on en juge par celles-ci :

S'il est des noms dont l'écho seul réveille
Et vibre au cœur comme une grande voix,
Combien de noms inconnus que l'oreille
Après la mort n'entend plus une fois !
La pierre a beau les retracer : la mousse
Comble les creux gravés par le ciseau ;
L'oubli survient avec l'herbe qui pousse
Et de son aile étend l'épais rideau.

Naître et mourir inconnu sur la terre,
Lueur d'un jour, poindre, briller, finir,
Et largement boire à la coupe amère,
Et ne laisser ombre de souvenir ;
S'être, en naissant, élancé d'un abîme
Sur le penchant d'un mont roide à gravir,
Et ne trouver, arrivé sur la cime,
Qu'un autre abîme où tout va s'engloutir.
Aller, aller et n'imprimer de trace
Que le passant du lendemain n'efface
En soulevant la poudre du sentier...

Que reste-t-il pour marquer son passage?
Des monuments? — Un siècle les dissout.
Une pensée? — On déchire la page.
Le cœur de l'homme? — Où tout efface tout !
Non, non, l'oubli voilà le seul domaine
Où l'ouragan du temps balaie, entraîne
Ce qui trébuche à l'abîme béant ;   [nombre.
Un siècle aux uns, — un jour au plus grand
Il vient un temps où dans l'oubli tout sombre
Et cet oubli, n'est-ce pas le néant ?

Celui qui devait bientôt accepter le rôle de critique des œuvres littéraires vit donc ses premiers essais accueillis par le sarcasme. Je ne voudrais pas dire qu'en portant, plus tard, tant de jugements, souvent sévères, sur les productions de la Muse indigène, il se soit souvenu de la manière dont on avait souhaité la bienvenue à la sienne ; ce souvenir l'aurait, au contraire, rendu plus indulgent.

La position de sténographe à la chambre ne fut encore, pour Eugène Robin, qu'une situation transitoire ; mais elle le mettait en rapport avec la presse périodique. A partir du 25 juin 1835, il fit ses premières armes dans le feuilleton de l'*Indépendant*. Il avait enfin trouvé son élément : le journal ne tarda point à se l'attacher comme rédacteur en titre, ce qui lui permit de donner, le 1er novembre 1836, sa démission de sténographe pour se consacrer tout entier à la littérature.

Pendant huit ans, car son dernier feuilleton est du 27 juin 1843, il n'a plus cessé d'écrire dans ce journal, qui disparut la veille du jour où naquit l'*Indépendance belge*.

Le feuilleton du lundi était réservé à Robin, qui le signa invariablement des lettres E. R. Il écrivait aussi, de temps en temps, des articles variétés et même quelquefois des premiers Bruxelles.

Par cette période, la plus longue de sa vie, il appartient à l'histoire littéraire de la Belgique, pour laquelle il a laissé

de précieux éléments. Dans la suite de
cette étude je m'attacherai à le montrer
sous les diverses faces de son talent,
mais avant d'analyser les travaux du critique, je veux étudier le poëte.

II.

LE POÈTE.

LE POÈTE.

J'ai déjà dit que notre jeune écrivain
était un charmant cavalier; à dix-huit
ans, il eût joué le rôle du page dans le
Mariage de Figaro. Ces chérubins-là
trouvent toujours leur comtesse d'Alma-
viva. Le nôtre ne fut point exempté de
la destinée commune. Une coquette le

retint, pendant un an et demi, dans des liens qu'elle sut rendre bien doux, mais qu'elle rompit, à son heure, avec la plus imperturbable aisance. La Muse s'était éveillée au milieu de l'enivrement du bonheur, c'est à la Muse que l'amant délaissé demanda des consolations. Un petit cahier cartonné, aux coins verts, a été le confident de cette période poétique. L'auteur a intitulé cela : *Désirs et regrets*. Chaque pièce porte une date. La plus ancienne est du 27 janvier 1830, trois strophes sur la mort de son père ; la plus récente est de 1834, elle se rapporte aux émeutes et aux pillages qui ont déshonoré les premiers mois de cette année. Les autres sont des chants d'amour, des regrets de la félicité perdue, et, comme

conséquence de cette dernière situation,
des odes sur les grands problèmes de
l'existence humaine, empreintes, il est
superflu de le dire, d'un sentiment de découragement qu'explique la déception
récemment éprouvée. La seule pièce de
ce recueil qui ait été publiée, c'est l'*Oubli
des morts,* dont j'ai cité plus haut quelques fragments. Il y a de la chaleur dans
plusieurs de ces pièces ; beaucoup d'idées
plutôt ébauchées qu'exprimées. Il le sent
le premier et il trouve même de beaux
vers pour le dire :

La lave est dans mon cœur, la glace est sur mes pages,
Et ce n'est que chargés par de vils alliages
Que mes pensers de feu s'élancent du brasier.

Si l'on publie un jour les œuvres choisies de Robin, on pourra faire quelques emprunts à ce recueil, qui ne compte que trente-deux morceaux. En voici un très-court qui ne manque pas d'originalité :

SUR UN BATON DE CIRE D'ESPAGNE.

Consumé lentement par la vitale flamme,
Ainsi que cette cire, hélas ! s'en va mon cœur.
Il s'use chaque fois qu'il s'empreint d'une autre âme,
Et sans cesse la main d'un ami, d'une femme
Le rompt, fragile sceau d'amour et de bonheur.
Jeune, j'en vois déjà tant de débris à terre.
Je redemande en vain ce qu'usa le flambeau.
Oh ! de mon pauvre cœur, mutilé, solitaire,
Si je pouvais sceller quelque profond mystère !
Que je l'emporterais vierge dans le tombeau !

Il en est du goût de la poésie comme de toutes les autres passions ; il ne s'éteint jamais entièrement ; quelque carrière que suive celui qui a été piqué de cette tarentule, il conserve toujours au fond du

cœur un foyer que le moindre souffle réveille. Eugène Robin avait commencé
par faire des vers, il en a fait jusqu'à son
dernier jour, c'était en quelque sorte son
délassement au milieu des travaux que
lui imposait son devoir de critique.

De tous les poëmes sortis de la plume
du jeune écrivain, deux seulement ont
vu le jour : *Égoïsme*, en 1833, et *Livia*,
en 1836. Mais quand la mort eut éteint
ce brillant esprit, dans la force de son
âge et à l'apogée de son talent, les papiers qu'il laissait vinrent prouver que
jamais il n'avait renoncé au culte de la
Muse. On trouva dans son portefeuille
plusieurs ouvrages achevés ou seulement
ébauchés. Il n'avait pu résister à la passion de créer ; mais, juge sévère des au-

tres, il redoutait plus que personne les arrêts de la critique. Son œuvre ne répondait jamais parfaitement à l'idéal qu'il avait en vue pendant le travail de l'enfantement ; aussi trouvait-il, dès leur naissance, ses enfants trop faiblement constitués, trop difformes pour qu'il osât les lancer dans les hasards du combat de la vie. Il ne poussa point le stoïcisme jusqu'à la barbarie de Jean-Jacques ; s'il a tenu à l'ombre sa progéniture poétique, il ne l'a du moins pas perdue dans la foule anonyme ; on saura où aller la retrouver si quelque jour il se rencontre un éditeur assez entreprenant, assez hardi, pour braver l'indifférence du public et risquer plusieurs milliers de francs afin de tirer de l'obscurité, du néant, des œuvres dont je vais indiquer sommairement les titres et l'objet.

Il y a d'abord un drame biblique intitulé : *Sem le prodigue*, en cinq actes et en vers. — Il ne porte point de date, mais il doit être postérieur à *Livia*. Dans cet ouvrage, dont le manuscrit est entre les mains d'un de ses neveux, le poëte oppose les mœurs patriarcales au luxe des civilisations avancées. La scène se passe alternativement dans la Jérusalem de Salomon et au désert. Le lien qui rattache ces deux mondes différents, le désert et la ville, est l'amour de deux frères pour une même enfant des solitudes. Le désert triomphe au dénoûment ; mais les accents les plus pénétrants sont pour glorifier la vie de l'intelligence.

6.

Rien n'indique que l'auteur ait eu l'intention de faire représenter ce drame.

Il en fit un autre, en prose, aussi en cinq actes, qu'il destinait à la scène : il a pour titre *l'Homme d'État*. Une note nous fait connaître que la représentation d'une pièce de Scribe, sur le même sujet à peu près, fit abandonner à Robin l'idée de donner la sienne au public.

A une époque que je ne saurais déterminer, faute d'indications suffisantes, il écrit un long poëme : *le Livre de Magnès ;* c'est le développement de l'idée du Faust. Après avoir cherché la vérité dans le doute, le docteur revient à Dieu, comme à la vérité unique et consolatrice. On peut y voir une profession de foi, une intime confession, un aveu des doutes et des aspirations qui ont obsédé l'âme de l'écrivain durant sa vie entière.

Dans un autre poëme : *l'Ile verte,* il revient sur les sensations premières de sa jeunesse. Il regardait déjà en arrière. Se sentait-il vieillir, lui qui est mort à trente-cinq ans?

Parmi ses ébauches scéniques, on a encore trouvé : *les Courtisanes,* comédie ; *Pour la vie,* proverbe ; *le Nouveau Spartacus, ou les Prolétaires,* drame ; *Van Dyck à Saventhem,* comédie.

Les deux seuls ouvrages qui rentrent dans le domaine de la critique sont *Égoïsme* et *Livia;* j'en dois parler plus longuement.

Egoïsme fut bien accueilli; on blama certaines parties de l'œuvre du débutant.

mais, en somme, on s'accorda à lui donner des encouragements. M. Ph. Bourson
en rendit compte dans l'*Artiste* : on
trouve, dans son analyse, bienveillante
d'ailleurs, une observation qui a dû se
présenter à l'esprit de tous ceux qui ont
lu l'ouvrage. « *Egoïsme,* l'auteur a pris
pour titre égoïsme, sans faire précéder ce
mot de l'article. Il a sans doute eu ses
raisons. Quant à moi, je les cherche. Il y
a quelque chose d'ambitieux dans ce
substantif jeté au frontispice d'une bro-
chure et privé de la particule qui d'ordinaire lui ouvre la marche. Je ne sais si je
me trompe, mais il me semble voir à ceci
l'auteur absorbé dans la contemplation
de sa création poétique, les bras croisés,
la tête basse, s'écrier, au spectacle de

ces événements qui lui font horreur :
Égoïsme ! semblable à ce peintre épou-
vanté de la figure du diable que son pinceau avait retracée. Cette explication est
peut-être erronée, mais je ne vois pas
d'autre solution au problème. »

Un vénérable vieillard, qui me tient de
trop près pour que j'en puisse parler sans
partialité, mon père, fit un examen critique de l'ouvrage d'Eugène Robin, dans
une autre publication périodique, le
Recueil encyclopédique belge. Bien que
professant des opinions littéraires autres
que celles que le jeune poëte affichait à
ses débuts, le vieux praticien rend justice
aux beautés de l'œuvre, sans épargner les
conseils à l'auteur. La suite a prouvé que
ces conseils n'ont pas été perdus. Voici

la conclusion de cet article, auquel plus
d'un séide du romantisme fit alors un
accueil dédaigneux.

« Un mérite, à mes yeux, dans la création
d'un semblable caractère, c'est le soin qu'a
pris l'auteur de faire de la vie de son héros
un enfer sur la terre, et de l'amener à rendre
hommage, dans ses derniers moments, au
grand principe de toute morale et de toute
religion. Maurice, près d'expirer, s'écrie dou-
loureusement :

Ah ! que n'ai-je encor foi dans ma toute science !
Meynard, tu comprendras l'horreur de cet aveu,
Pour comble de supplice, eh bien, je crois en Dieu.

« Quand on sait ainsi dépouiller de son in-
crédulité, qui est son seul appui, un scélérat
tel que Maurice, au moment où s'ouvre pour
lui l'abîme de l'éternité, sans doute on a fait

preuve de talent, on a montré quelque connaissance de l'art et de la nature, on a satisfait le spectateur par un dénoûment essentiellement moral.

« Le jeune écrivain mérite encore l'indulgence pour les longues tortures auxquelles il
livre l'âme de Maurice depuis son forfait jusqu'à sa mort. »

Lorsqu'il fit paraître le drame de *Livia
ou une revanche d'Eve*, Eugène Robin
exerçait déjà, depuis plus d'un an, les
fonctions de critique dans le feuilleton du
journal l'*Indépendant*; l'accueil que reçut
cet ouvrage fut moins bienveillant; on ne
se croyait pas obligé de montrer autant
d'indulgence envers celui qui faisait son
office de juge avec conscience, sans doute,
mais avec sévérité. Il y avait un progrès

incontestable d'*Egoïsme* à *Livia*; mais l'écrivain n'avait pas encore trouvé sa voie, il continuait à vivre sur un fonds d'emprunt, se faisant illusion sur l'originalité de ses conceptions.

La fable de ce nouveau drame est d'une grande complication; il faudrait nombre de pages pour donner une analyse claire des faits qui s'y déroulent du premier au cinquième acte. J'en indiquerai seulement la donnée philosophique et sociale.

L'adepte des doctrines saint-simoniennes a encore l'esprit ému, obsédé par l'enseignement de ses maîtres de 1831; son ouvrage n'est autre chose que l'exposition du dogme de la perfectibilité indéfinie de l'humanité, et plus particu-

lièrement de la réhabilitation de la chair.
Celle-ci, selon Saint-Simon, a été asservie à l'esprit par le christianisme ; l'évan-
gile nouveau vient proclamer l'égalité de
droits des deux natures de l'homme.

Le poëte met d'abord en contact deux
personnages légendaires personnifiant ces
deux natures : Faust, le type du spiritualisme, et don Juan, le type du sensualisme. Le docteur est si malheureux, si
blasé, si rassasié de science ; les jouissances de l'esprit ont si peu répondu à
son besoin de bonheur. qu'il ne faut point
de grands efforts à son frivole compagnon pour le convertir à ses doctrines.
Le rôle d'homme à bonnes fortunes lui
apparaît comme le sort le plus enviable.
N'est-ce pas, en effet dans les bras de

Marguerite qu'il a goûté le seul bonheur de sa vie? C'est donc à l'amour qu'il va demander ce que la science a été impuissante à lui donner.

Cependant on ne modifie point sa nature comme on change de vêtement : à peine Faust a-t-il quitté don Juan qu'il se dérobe à l'influence qu'il subissait tout à l'heure. Le voilà retombé dans ses incertitudes ; ses aspirations ordiniares reprennent le dessus, la pensée redevient maîtresse de la matière. En vain, l'amour s'offrira à lui sous les dehors les plus faciles ; l'amour ne parviendra pas à le distraire.

Il faudra que le Ciel lui-même s'en mêle. Un envoyé du Très-Haut s'entremet afin de le rapprocher de celle qui le doit sauver par l'amour; car l'amour est la seule ancre de salut du damné.

Réhabilitation par l'amour, telle est donc la pensée dernière de ce drame, pensée poétique assurément, mais d'un mysticisme qui ne s'accorde guère avec les nécessités du drame. Il s'agit en effet, dans cette étrange conception, de l'amour comme l'avaient conçu Bazar et Enfantin, les deux pontifes, c'est-à-dire, de l'alliance intime de la chair et de l'esprit, de la fusion du spiritualisme chrétien et du sensualisme païen.

Le désir de connaître a perdu l'homme; la femme a été l'instrument dont l'enfer s'est servi pour faire trébucher le genre humain; Ève, en cueillant la pomme et en faisant accepter à son compagnon le fruit de l'arbre de la science du bien et du mal, a soumis toute leur descendance au joug de la matière. Mais un jour, selon la promesse, une nouvelle Ève a écrasé la tête du serpent, la doctrine du Christ est venue faire régner l'esprit. Réaction, despotisme dans un autre sens, mais tout aussi impuissant que le premier à accomplir le suprême perfectionnement humanitaire. Cette seconde période, ils en conviennent, était cependant un progrès ; un pas de plus, nous allons toucher à la vérité : que l'alliance de l'esprit et de la matière s'accomplisse, — et c'est encore à la femme que ce miracle est réservé, — Ève prendra définitivement sa *revanche*.

Ce drame expose donc une sorte de

palingénésie sociale ; chaque personnage
y représente une idée métaphysique ;
chaque scène est une allusion à quelque
phase du développement de la doctrine
saint-simonienne. Dans le colloque entre
Livia et *Méphistophélès*, on retrouve la
dernière tentative du sensualisme cher-
chant à ressaisir l'ascendant ; c'est le
schisme du P. Enfantin : la femme libre,
le don Juan féminin. Le sensualisme se
transforme, se déguise, espérant perpé-
tuer son empire ; l'esprit du mal tente de
nouveau la femme. De même que, au
commencement du monde, il lui a inspiré
le désir de connaître la science du bien
et du mal, il lui souffle, aujourd'hui, au
cœur la prétention de conquérir une part
égale dans la domination de la société :

la *Mère* doit égaler le *Père* ; la papesse doit marcher l'égale du pape. Le Ciel déjoue ce projet, dont Méphistophélès s'était fait l'instrument.

A la fin du drame, Faust est sauvé. Pourquoi? Parce qu'il a pleuré, parce qu'il s'est montré sensible aux douleurs de l'humaine nature, parce qu'il a aimé, ou plutôt parce que la matière a repris dans son cœur la part de puissance qu'elle doit désormais conserver dans le monde. Le Verbe prononce l'arrêt suprême : les deux âmes qui ont animé Faust et Livia ne formeront plus, de toute éternité, qu'une seule âme.

Mais, à peine ce miracle accompli, l'humanité marche vers un progrès nouveau : l'ange Emmanuel le proclame :

Toute chose, en ce monde, a son point de départ,
C'est pour n'arriver pas cependant que l'on part ;
Car il n'est point de fin. De tout ce qui progresse
L'universalité va pour aller sans cesse.
C'est la loi du Très-Haut...

L'esprit, toutefois, n'entre point sans
combat en partage de l'empire avec l'élément grossier qu'il a si longtemps do-
miné ; Faust, qui vient d'être, sinon tout
à fait absous, du moins ajourné, se
montre déjà ingrat ; il s'écrie :

Je vais donc voir, enfin ! Je vais donc savoir, moi !

L'ange doute de la sincérité de la conversion ; il est prêt à abandonner l'incor-
rigible docteur. Mais Livia est là, forte
de l'arrêt prononcé par le Verbe ; arrêt
qui les oblige à former, à eux deux, une
dualité complétant leur être. Elle répond

de l'accomplissement de l'œuvre qu'elle a entreprise.

Si les idées qui ont servi de base à ce drame n'étaient pas bien neuves, elles étaient présentées sous une forme originale ; elles avaient inspiré à l'auteur de beaux vers et des scènes pleines d'intérêt. Mais cela ne constitue point une œuvre digne de prendre place parmi les monuments littéraires. L'auteur lui-même ne considérait ses deux premiers poëmes que comme des études de style, et il faut convenir que cet exercice avait du moins assoupli sa plume ; c'est en faisant des vers qu'il est devenu un excellent prosateur.

Afin de montrer aussi complétement que possible quelle est la part du poëte dans l'œuvre de l'écrivain, j'indiquerai encore ici certains travaux où l'imagination domine ; tels que nouvelles, contes et petits romans, même quelques pages d'histoire.

Tout cela peut être relu, et c'est pour cette raison que je citerai le titre de ces feuilletons qui n'appartiennent pas à la critique proprement dite. Il y a d'abord :

Les Infortunes de Tristan le poëte (mai et juin 1837).

Philanthropie et repentir (juin 1837). C'est une anecdote relative à Marat et à l'inventeur du fameux instrument de supplice qui devait abréger les souffrances des condamnés.

Mort du second César (août 1837). Fragment historique.

Histoire d'une paire de bottes et d'une mèche de cheveux de l'empereur (décembre 1837).

La tour d'Ugolin (juillet 1838).

Les deux mendiants du roi d'Aragon (octobre 1838).

La mort du vieux comédien (juin 1838). L'auteur y fait allusion, sous un voile qui aurait pu être moins transparent, aux vicissitudes de l'existence de son père.

Faustin et Fausta, fragment historique (février 1839).

Le Vieux des Arches (avril 1839).

La Posada de Los Santos (mai 1839).

Empereur et pendu (juillet 1839).

Le Prophète et l'Ermite (juillet 1839).

Abdasalam ou le mépris des richesses (novembre 1839).

Eugène Robin s'est peint et jugé, en tant que poëte, dans le joli petit conte *les Infortunes de Tristan* J'en donnerai un long extrait ; c'est une occasion de faire apprécier le style du conteur, et cela m'épargne la peine de formuler un jugement sur la valeur du poëte.

« Il y avait une différence énorme entre la nature de Tristan et celle du vrai poëte. Le poëte traduit la vie, lui traduisait des livres. L'inspiration vient au poëte *a priori;* la sienne, si c'en était, lui arrivait par le contact de l'inspiration étrangère. En voyant écumer la sibylle sur son trépied, l'eau lui montait à la bouche. Chez le poëte, la poésie qu'il y a en toute chose, la poésie inconnue, inexprimée, qui ne sera jamais formulée, se résume, s'emprisonne pour ainsi dire dans la poésie écrite ; chez lui, la poésie écrite se grandissait en

poésie inédite et lorsque, au lieu de laisser
flotter ses impressions, il voulait leur rendre
un cadre, des limites, il retombait dans la
poésie écrite et, qui pis est, dans la poésie
calquée.

« Il aurait dû vivre en plein XVIIIe siècle,
surtout à ce moment de calme plat où il eût
fallu être dans le secret de Dieu pour prédire
l'épouvantable ouragan de 89, alors que venait de mourir la dernière lame remuée par
la bourrasque de la Fronde. C'eût été un poëte
comme on les comprenait dans ce temps.
A vingt ans, on l'eût vu mousquetaire ou dra-
gon, faire la campagne de Flandre ou d'Alle-
magne, d'où il aurait rapporté une élégante
blessure ; puis il se serait retiré du service
pour composer l'*Art d'aimer* ou *de plaire,*
aurait acheté une charge dans les eaux et forêts, dans les chasses du roi, et serait mort
enfin dans sa terre, d'une bonne goutte ou
d'un petit souper indigéré.

« Évidemment Tristan ne se connaissait pas
lui-même. Jamais homme, en se voulant juger,
ne commit plus déplorable erreur. Il se croyait
du génie ; mais il était bien trop spirituel et
trop intelligent pour cela. Une chose avait
principalement contribué à faire naître et à
nourrir l'illusion de son cœur ; c'est qu'il avait
mis entre les hommes et lui une infranchis-
sable barrière pour tout ce qui touchait à la
vie par l'âme et par la pensée. Nul cœur plus
franc et plus avide d'émotions ne montrait
une susceptibilité plus maladive devant les
jugements de la foule. Aussi avait-il pris le
parti de ne lui rien laisser deviner de ce qui
se passait derrière son visage. Dans le monde,
c'était le cavalier le plus aristocratiquement
convenable ; dans la conversation, le causeur
le plus élégant que l'on pût trouver : avec les
femmes, plein de douces câlineries et de flat-
teries délicates ; avec les hommes, ne dépas-
sant jamais cette urbanité de bon goût qui

chatouille l'amour-propre et amollit les cœurs les plus durs ; car chaque fois qu'il se sentait supérieur à ceux qui l'entouraient, il avait le bon esprit de s'effacer tout à fait et de leur donner un relief à ses dépens. Enfin, avec ses intimes, il se livrait à une gaieté et un abandon si naïf que son caractère facile lui avait plus d'une fois attiré l'affectueuse injure de bon enfant. Personne ne soupçonnait donc les rêves étranges qui flottaient dans son imagination et nul profane ne venait renverser d'un souffle les images évoquées devant ses yeux par la fée de la solitude.

« Lui, poëte ! lui, du génie ! En vérité, il fallait s'être mis, comme il l'avait fait, en quarantaine au milieu des esprits indifférents ou sarcastiques qu'il rencontrait dans sa sphère brillante, pour avoir pu nourrir longtemps une illusion aussi facile à dissiper. Il est vrai que c'était l'homme le mieux organisé pour sentir la poésie ; mais c'est ce qui le rendait impuissant à l'enfanter. Il prenait pour le rayonnement de sa pensée ce qui n'était que le reflet éblouissant des foyers où son âme, salamandre légère, allait tremper ses ailes· Parce qu'il était à tout moment accessible à l'admiration et à l'enthousiasme que favorisait chez lui une exquise mobilité d'impression, il s'imaginait être en proie à l'exaltation des inspirés du Ciel. Il commettait d'étranges méprises dont un ami seul eût pu l'avertir, étant comme le distrait qui ne peut voir qu'il a mis sa perruque à l'envers, si on ne lui met le miroir devant les yeux. Il se souvenait tout bonnement, lorsqu'il croyait créer. Ses lectures avaient peuplé son imagination de ces prodigieuses idées à qui le génie a, de siècle en siècle, donné le corps et l'âme, et chaque fois qu'un choc électrique dans son existence, enveloppant de flots lumineux un coin de ces merveilleuses figures, en détachait une plus grande et plus radieuse, il lui tendait les bras comme s'il était Pygmalion et si c'était sa Galathée. Il avait donc enfanté quelque chose; cette apparition, c'est bien lui qui l'avait évoquée, et, dans son enthousiasme, il s'écriait tout à coup : « Et moi aussi je suis « poëte ! » Avec quelle ardeur il se mettait à l'œuvre ! Il saisissait son ciseau, le marteau s'élevait prêt à frapper. Hélas ! adieu l'illusion ; il avait changé de point de vue, et la statue palpitante, qu'il croyait avoir trouvée, il la reconnaissait ; ce n'était pas sa création, ce n'était qu'une copie, une maladroite copie.

« Le propre des âmes intelligentes et sensibles est de se faire à tout, de s'éprendre du joli quand le beau est perdu, du beau quand le joli est fané. L'âme de Tristan s'échappait par tous ses pores. Il y avait, dans cette transpiration incessante de ses sensations, quelque chose de trop énervant pour qu'il possédât la vigueur qu'il faut à la pensée qui crée, à l'esprit qui conçoit.

« Il avait remarqué que tous les hommes de génie ont créé des types, et il lui vint à l'idée d'imaginer le sien. N'est-ce pas qu'il procédait toujours, malgré lui, par imitation? Il prenait son grand poëte, il le disséquait, l'anatomisait, et il se disait ensuite : « Voilà les condi- « tions pour être homme de génie, je le serai.»

« Il ne voulait pas voir que son analyse avait le sort de toutes les analyses possibles : il travaillait sur un cadavre; il retrouvait tout, excepté le moteur, le principe, le feu vital, la flamme du génie. La synthèse restait toujours le mystère de Dieu. »

Quelle finesse d'observation ! Comme Eugène se connaissait bien ! Je ne voudrais pas dire qu'en persistant il ne fût pas devenu un grand poëte ; mais les jours lui ont été mesurés d'une main avare, il ne lui a pas été donné d'atteindre l'entier développement des germes qu'il portait en soi. Les événements, les nécessités de la vie, le milieu dans lequel il a vécu, l'ont entraîné et retenu dans une voie qui n'est point celle des vastes conceptions poétiques. Le rôle de critique qu'il imposa pendant huit ans à son esprit use trop des procédés de l'analyse; il devait se trouver dérouté chaque fois qu'il essayait de la synthèse.

Son style en vers est assurément inférieur à son style en prose. Quoiqu'il choisisse de préférence la forme dramatique, sa pensée est presque toujours lyrique. Je dis la pensée, car, quant à la manière de l'exprimer, il ne s'est guère servi que du vers alexandrin, qu'il ne sait pas rendre suffisamment souple pour lui donner le rhythme et la mélodie. Il n'est pas assez réaliste pour que ses productions aient la moindre chance de réussir à la scène.

Son drame *Sem le prodigue* aurait pu avoir du succès à l'époque où l'on applaudissait Talma dans la tragédie d'*Abufar*, de Ducis. Je ne sais pas au juste en quelle année il composa cet ouvrage, mais il est, pour le style, infiniment supérieur aux drames qui ont été imprimés. Il l'emporte aussi pour la conception ; il a pris cette fois une fable simple, naturelle, qui se déroule sans effort. Son vers s'est assoupli ; le dialogue qui, dans ses autres pièces, est tendu, se développe, dans celle-ci, avec aisance, débarrassé qu'il est des enjambements auxquels sa première inexpérience le condamnait à avoir trop souvent recours.

IV

CRITIQUE

DES OEUVRES BELGES.

CRITIQUE

DES OEUVRES BELGES.

—⋄—

Il y a, dans le rôle de critique rempli par Eugène Robin, deux points de vue distincts, pour nous du moins, selon qu'il s'occupe des écrits publiés en Belgique ou de ceux qui venaient de l'étranger et particulièrement de la France. Je vais d'abord considérer le feuilletoniste de l'*Indépendant* au point de vue belge ; je consacrerai un chapitre à part à ceux de ses travaux qui ont un caractère plus général.

Apprécier, au jour le jour, les productions de l'esprit, c'est, même pour un homme prudent et de vieille expérience, une œuvre délicate semée d'écueils ; elle devient périlleuse si le critique est un débutant, si, écrivant à Bruxelles, il se montre peu confiant dans le succès des tentatives des auteurs indigènes; si, au lendemain d'une révolution qui a imposé à tous les citoyens le devoir de relever l'honneur d'une nationalité trop longtemps éclipsée, le critique tient invariablement ses regards fixés sur une autre capitale, centre exclusif et nécessaire, selon lui, du mouvement littéraire. Les intentions les plus droites, la franchise, la loyauté ne sauraient le soustraire aux dangers d'une telle attitude. Robin ne croyait pas qu'il pût jamais y avoir une littérature belge ; il l'écrivait et il agissait en conséquence de son opinion. « Vous pourrez avoir des littérateurs, nous disait-il, une littérature, jamais. Littérature nationale, non-sens; écrivains nationaux, chose excellente et désirable (1). »

(1) On lit dans le feuilleton de l'*Indépendant* du 30 janvier 1857 : « C'est ici le lieu, je crois, de parler, avant d'aller plus loin, de l'excellente préface du livre de M. Baron. (Il s'agit de la *Mosaïque belge.*) L'auteur y examine cette question si intéressante : Une littérature nationale est-elle possible en Belgique? A quoi l'auteur se hâte de faire cette réponse

Il apportait donc à l'examen de l'œuvre
d'un débutant belge plus de sévérité
peut-être que s'il se fût agi d'une des
premières plumes de France. Dans un
sens, c'était honorable pour nos compatriotes, il les traitait en grands garçons ;
mais il se plaisait un peu trop à faire
remarquer leur gaucherie. Il était peu
encourageant : il éloignait le lecteur, en
traitant de ridicule patrioterie le sentiment qui aurait porté un Belge à ouvrir
un livre du cru. Se plaignait-on de ce
défaut de sympathie, il protestait de sa

---

qui formule nettement la seule solution possible:
« Littérature nationale, non-sens ; écrivains natio-
« naux, chose excellente et désirable. » Nous nous
rangeons à son opinion et nous ne croyons pas
qu'on puisse mieux la justifier qu'il ne l'a fait. »

sincérité, en termes très-vifs qui ne cal-
maient personne.

« La critique de l'*Indépendant*, qui révolte
tant de susceptibilités, disait-il, a cela de bon,
qu'elle a le courage de la vérité. Car la vérité
est toujours fâcheuse à dire dans un petit pays
et dans une capitale un peu petite ville. Nous
disons ce que nous pensons, nous, et combien
de journaux ici qui, dans les matières littéraires, ne voient que la cocarde! Ce drame est
mauvais, soit ; mais l'auteur est de Saint-
Josse-ten-Noode, lez-Bruxelles. Peste, un jeune
homme né natif de Saint-Josse-ten-Noode, lez-
Bruxelles, qui a fait un drame! Notre seule
nationalité, à nous, qui ne nous faisons pas
illusion sur notre maigre valeur d'écrivain
relégué au bout de la grande patrie littéraire,
c'est l'art, et nous nous ferions briser notre
plume à coups de pavés plutôt que de dire

qu'une œuvre d'art est mieux parce qu'elle est belge (1). »

Ce langage n'est pas conciliant. S'il prouve la sincérité du critique, il ne justifie point sa sévérité. Après avoir pendant cinq ans exercé les fonctions de juge des œuvres littéraires nationales, était-ce se montrer, je ne dirai pas bienveillant, mais équitable que d'insérer dans le feuilleton du 6 décembre 1841 la boutade suivante ?

« Le pire de tous les métiers au monde est celui de poëte belge. Il vient immédiatement après le librettiste italien, qui, lui-même, prend rang, dans la troupe famélique de l'*impresario* ambulant, entre le décorateur et le

______

(1) Feuilleton du 21 janvier 1839.

donneur d'accessoires. S'il y a une justice divine, comme je le crois en bon chrétien, le
royaume des cieux appartient aux poëtes
belges, non point pour faire ici une allusion
brutale qui n'est pas dans notre pensée, mais
parce qu'il n'est point de châtiment éternel
qui puisse égaler la punition terrestre d'avoir
écrit et de n'être point lu. Depuis onze ans
surtout, il a paru en Belgique, *non pas des
poëtes,* mais plusieurs jeunes gens doués d'un
goût très-vif pour la poésie ; beaucoup de
vers ont été écrits et publiés par eux, quelques-uns connus du public et vantés par la
presse : eh bien, l'on ne peut pas dire que de
toute cette génération versifiante, il ait sur-
nagé, je ne dis pas un poëme, je ne dis pas
une ode, je ne dis pas une strophe, je ne dis
pas un vers enfin, je dis un hémistiche comme
le *qu'il mourût* d'Horace et le *moi* de Médée ! »

En dernier lieu, Robin avait légèrement

modifié son opinion ; il reconnaissait que
la Belgique pourrait avoir une littérature
le jour où elle produirait un écrivain tout
à fait supérieur, dont le mérite pût être
reconnu par les autres nations, un Gœthe,
un Walter Scott, un Lamartine, un Victor
Hugo. Mais il n'y avait pas apparence
que le *rara avis* se montrât de sitôt.
Il conseillait donc à la Belgique d'ajourner
ses prétentions. Comme conséquence de
cet arrêt, le lecteur belge devait continuer à demander la provende intellectuelle à ses pourvoyeurs ordinaires.
N'était-il pas dérisoire de nous faire
espérer l'avénement du phénix qui nous
gratifierait d'une littérature nationale,
d'un écrivain qui étendrait sa réputation sur les contrées voisines, lorsqu'on

travaillait sans cesse à éloigner les lecteurs de tout livre indigène? Les réputations ne surgissent point de terre ; il faut un public pour faire la gloire d'un écrivain, un public lisant. Le livre n'existe que si on le lit ; autrement, il est comme s'il n'avait point vu le jour. Or, si vous dégoûtez les Belges eux-mêmes de la lecture des productions indigènes, vous condamnez les auteurs nationaux à l'impuissance.

Nous formions un petit cercle professant d'autres idées, caressant d'autres espérances. Cette école, cette petite église si l'on veut, pensait que la littérature d'une nation se compose des productions de l'esprit se manifestant par la parole écrite ; qu'elle embrasse cet ensemble indéfini dans lequel se réunissent les bons, les médiocres et aussi les mauvais ouvrages, à la seule condition que ceux-ci portent, à un degré quelconque, l'empreinte des mœurs, du caractère, des intérêts, des besoins, des institutions d'un pays. Nous nous disions : Quand la Belgique aura vécu pendant un certain temps de sa vie propre, bien distincte de celle de ses voisins, elle se trouvera avoir exprimé par écrit toutes ses aspirations, toutes ses pensées, ses enthousiasmes, ses sympathies et ses répulsions ; elle aura une littérature. Cette littérature ne sera pas encore arrivée à l'apogée ; elle n'éclatera peut-être pas encore manifestement à tous les yeux ; mais elle existera pour celui qui voudra la chercher avec

bonne foi, pourvu qu'il ne borne point sa
recherche aux recueils de vers, aux romans, aux pièces de théâtre, mais qu'il
tienne compte surtout des compositions
de nos historiens, des discours de nos
orateurs, des discussions journalières de
la presse, des travaux législatifs et admi-
nistratifs de nos hommes d'État, des
investigations de nos savants, enfin de
toutes les œuvres dans lesquelles l'art
d'écrire a son rôle. N'y aurait-il donc que
deux ou trois cadres pour les manifestations de la pensée? Est-il nécessaire de
s'en tenir exclusivement à quelques formes consacrées par la tradition?

Il est bon de remarquer que c'est au
critique de l'*Indépendant* que s'adressent
mes observations et que s'adressaient les

reproches que j'ai déjà eu l'occasion de
rappeler, et dont il sera encore question
plus loin. Mais le même écrivain qui
signait tous ses feuilletons des lettres
E. R. a aussi pris part, à dater de la fin
de 1839, à la rédaction d'une revue dont
aucun article ne portait un nom d'auteur.
On doit supposer que le jeune feuilletoniste a subi l'influence et accepté les
conseils expérimentés de l'homme éminent qui fonda et dirigea la *Revue nationale*. C'est assurément à cette influence
que l'on doit de rencontrer dans un article
inséré au premier volume de ce recueil et
ayant pour titre : *Avenir de la littérature
en Belgique*, des opinions qui s'éloignent
beaucoup de celles du feuilleton de l'*Indépendant* pour se rapprocher de notre

sentiment. On lit *passim* dans cet article :

« Eh bien, la Belgique aura une littérature du jour qu'on pourra voir dans les ouvrages de ses écrivains une représentation fidèle des qualités bonnes et mauvaises, qui la distinguent des autres nations. Qu'elle oppose des œuvres conçues dans cet esprit de continuité, d'ordre et d'attachement à ses croyances, aux œuvres que dictent, en France, l'ennui du présent, le doute de l'avenir, et cette dévorante mobilité des hommes et des institutions. Sa position littéraire lui sera, dès ce moment, acquise.

« Oui, la Belgique aura une littérature. Cette littérature aura un caractère qui tiendra du génie particulier de la nation.

« La communauté de langue est une difficulté, mais n'est point un obstacle. Le même instrument cesse d'être le même dans les mains de deux artistes originaux, et diffère de

lui-même de toute la différence de leur personnalité.

« La Belgique, avec la langue française,
aura une littérature qui ne ressemblera en
aucune manière à la littérature française,
quand elle le voudra sérieusement et cela
sans cesser de parler français.

« Ah ! l'écrivain belge qui le voudrait sérieusement, pourrait prendre une bien belle
position au-dessus de cette littérature française, si folle, si emportée, qui va on ne sait
où, qui, tous les jours plus aveuglée, se perd
et perd les plus belles intelligences avec
elle. »

Ne suis-je pas autorisé à conclure que
si Eugène Robin avait pu vivre jusqu'aujourd'hui, il aurait dit avec nous : La
Belgique possède dès maintenant une
littérature, quoiqu'elle n'ait pas produit

jusqu'ici des écrivains à mettre en parallèle avec Lamartine et Victor Hugo, et quoiqu'il y ait encore bien peu de lecteurs disposés à faire accueil aux livres indigènes écrits en français.

Mais il est un spectacle qui le surprendrait assurément, c'est celui des progrès des succès de la littérature flamande. Les écrivains qui emploient cet idiome, loin de rencontrer, comme nous, l'indifférence, ont éveillé une sympathie passionnée qui montre, dans cette partie de la nation, une intelligence supérieure de l'intérêt littéraire. Les Flamands ont déployé une volonté, une constance, une conviction que rien n'a pu rebuter et dont ils sont récompensés. Le peuple et la petite bourgeoisie, c'est-à-dire la portion la plus patriotique du pays, se portent en foule aux représentations de leur théâtre qui peut, avec fierté et avec vérité, prendre le titre de théâtre national. Je ne demande pas si les pièces qu'ils y vont applaudir sont des chefs-d'œuvre, si le fond en est bien original ; qu'importe ! ces pièces les intéressent, elles les attirent, elles répondent, tant bien que mal, à leurs besoins d'émotions. La littérature flamande a son public, elle aura ses chefs-d'œuvre. Laissez le germe se développer librement, les commencements fussent-ils médiocres, en comparaison des autres scènes, ne vous en inquiétez pas : un jour viendra où un homme de génie, trouvant l'instrument sous sa main, s'en emparera et, au grand

ébahissement des dédaigneux, touchera
le but et dépassera ses maîtres.

Voilà ce que nous avions aussi rêvé
pour la portion du pays qui parle la langue française. Si nous sommes encore loin
de cette popularité, c'est que nous nous
sommes trouvés en présence d'un con-
current, riche de toute l'ancienne littérature et produisant encore, de loin en loin,
d'admirables ouvrages. Comment eus-
sions-nous pu lutter? Nos timides essais
pouvaient-ils résister à la comparaison?
Nous ne rencontrions pas, chez ceux à
qui nous nous adressions, cette foi robuste
en l'avenir, cette imperturbable indulgence du présent que nous aurions trouvées si, comme nos frères les Flamands,
nous avions pu nous adresser aux masses

populaires, au lieu de rechercher les suf-
frages d'un public raffiné et blasé ! Ce
public lettré est de l'avis du feuilletoniste ;
« il ne reconnaît pas de nationalité dans
les arts. » Il est cosmopolite ; son pa-
triotisme ne va pas jusqu'à lui faire
supporter les bégaiements d'un enfant,
lorsqu'il peut se procurer le plaisir d'entendre les accents savants d'un art parvenu à l'âge viril.

Le tort qu'avait eu Robin de mécon-
naître l'avenir et les droits de la littérature flamande,—qu'il mettait sur la même
ligne que les patois wallons, — lui attira
une verte mercuriale de feu M. Willems :
la polémique qu'il soutint à cette occasion
ne sortit, ni d'une part ni de l'autre, des
bornes des convenances. Eugène Robin

s'en tira avec esprit; il eut peut-être les rieurs, il n'eut point les penseurs de son côté. Mais tous ses adversaires ne s'en tinrent point aux armes courtoises dont avait usé le savant linguiste; il eut à subir des attaques personnelles d'un caractère injurieux : le pavé sous lequel on essaya d'écraser sa plume, ce fut sa qualité d'étranger. Il fut profondément blessé de ce reproche qui n'avait rien de littéraire; il y répondit par des accents émus qui ne sont pas ce qu'il a écrit de moins éloquent. Je veux citer la fin de sa réponse à l'éditeur du *Belge*; elle est du 13 mars 1843

«Enfin, monsieur l'éditeur, il se trouve dans votre article bien des méchancetés qui me sont personnelles Ai-je besoin de montrer à

mes amis, je voulais dire à mes lecteurs, combien elles sont odieuses? Eux qui m'ont vu
grandir (sous le double rapport physique et
intellectuel, il y a de la présomption à le rappeler), ils savent très-bien que j'habite la Belgique depuis l'âge de douze ans, que tout ce
que je sais, tout ce que j'ai fait, je l'ai appris
et fait en Belgique.

« Élève de l'athénée royal de Bruxelles, je
n'ai jamais entendu mes camarades frémir
d'indignation quand il est arrivé à mon excellent professeur de rhétorique, les jours de
distribution de prix, de m'appeler, à mon
tour, sur l'estrade bienheureuse, par ces mots
qui me faisaient battre le cœur : *Eugenius
Robin, Burdigalus*. Pas une voix ne s'est
écriée alors : « Infâme Burdigalus que sa
« patrie renie! » Elle avait bien autre chose à
faire qu'à renier un enfant, ma patrie. J'espère
bien qu'en dépit de vos vertueuses fureurs,
ma patrie adoptive fera comme l'autre. Car

cette bonne patrie que je me suis faite, cette ville qui veut bien m'écouter et me lire, ces compagnons d'enfance, ces amis de jeunesse dont je ferai, pour me servir de la charmante expression latine, « les douces nécessités de « ma vieillesse, » tout ce je ne sais quoi de tendre et de bienveillant qui vous suit sur la route de la vie, qui, absent, vous accompagne et qu'on sent être la patrie, croyez-vous donc que je ne tienne pas à son estime, à ses souvenirs, à ses applaudissements? Eh, mon Dieu, les grands hommes eux-mêmes ont devant leurs yeux jusqu'à la mort le cher et petit cercle souriant de leurs belles années d'enfance et de jeunesse, pour lequel ils font de grandes choses que la foule croit inspirées par elle. A plus forte raison devons-nous ne voir que lui, tout faire pour lui, nous dont la petite réputation ne dépasse pas ses étroites limites. »

Il disait vrai, son cœur était sincèrement dévoué à sa patrie d'adoption. En 1831, il n'avait pas hésité à prendre le mousquet et à voler à la frontière menacée. Presque au même moment où on lui adressait ces injures, il écrivait, pour la *Revue des Deux Mondes*, le plaidoyer le plus éloquent qui eût encore été admis en France en faveur de la nationalité belge. Cela peut paraître peu de chose aujourd'hui que les idées qu'il développait dans cet article se sont répandues et popularisées dans l'Europe entière ; mais alors c'était une grande victoire que de les faire accueillir dans une revue française.

Je conviens que Robin a été d'une imprudente sévérité à l'égard de presque tous les écrivains belges, surtout dans le feuilleton de l'*Indépendant ;* mais il croyait leur rendre service et plusieurs lui doivent peut-être les progrès qu'ils ont faits plus tard.

J'ai déjà remarqué combien les opinions, signées E. R. dans le feuilleton, diffèrent de celles que le même écrivain a exprimées dans la *Revue nationale*. On trouve dans ce recueil deux articles appréciant avec autant de bienveillance que de justice les drames d'un poëte belge : *l'Abbé de Rancé*, publié sous le pseudonyme de Ludovic, et *André Chénier* que le même auteur a signé de son nom. Voici en quels termes il encourage l'auteur pseudonyme du premier de ces deux drames

« Il y a beaucoup de talent dans cette première œuvre de M. Ludovic. Notre critique
ne s'est point appesantie sur les défauts dont
l'habitude d'écrire le corrigera. Qu'il ne se
décourage point, comme c'est le sort commun de nos jeunes littérateurs belges; qu'il
tienne ses promesses. Nous, nous avons rempli la nôtre en faisant connaître à nos lecteurs
les plus beaux passages d'un drame national,
d'un essai plein d'éclairs, dont nous leur con-
seillons vivement la lecture. »

Et ce succès lui inspire encore cette
pensée si éloignée des préventions que
j'ai rappelées tout à l'heure : « Le jour
où nos écrivains auront trouvé le secret
du style, cette science du dessin et cette
entente du coloris qui manquent à la
plupart, ce jour-là, il y aura réellement
une littérature belge. »

Il dit encore en parlant de l'auteur d'*André Chénier* : « Il ne le cédera en rien, lorsqu'il sera plus égal, aux meilleurs poëtes que compte aujourd'hui la France. » Et encore ceci : « C'est que voilà un drame qui ne déparerait point la première scène française ; c'est que voilà un vrai poëte né en Belgique. » M. Edouard Wacken était une brillante exception parmi ceux de nos écrivains qui avaient poursuivi le succès dans la carrière du théâtre, mais la poésie lyrique, le poëme didactique, l'épître, la satire avaient inspiré quelques belles pages qui méritaient d'être moins dédaignées.

Je le rappelle de nouveau, ces éloges, donnés si libéralement à un poëte belge, se trouvent dans la *Revue nationale* et ne sont point signés. Il était plus difficile au critique de l'*Indépendant* de revenir sur ses opinions sans paraître chanter la palinodie. Il le fit pourtant, avec assez peu de bonne grâce, à l'occasion de la publication d'un recueil de poésie dont l'auteur, d'une fécondité précoce et plus exubérante que châtiée, avait eu plusieurs fois à supporter les atteintes de la férule du feuilletoniste. Ce même Aristarque qui, deux ans auparavant, avait déclaré, comme on l'a vu plus haut, que toute la littérature belge ne pouvait fournir un seul hémistiche digne d'être conservé, trouve dans les *Rêves de jeunesse,* de M. Ad. Siret, une pièce qu'il déclare entièrement bonne et charmante.

Voici en quels termes il annonce aux

lecteurs de l'*Indépendant* la découverte inattendue qu'il vient de faire :

« Nous avons hâte de faire part à nos lecteurs de la rencontre inattendue (l'épithète n'est guère flatteuse, il faut en convenir) que nous avons faite dans ce volume (*Rêves de jeunesse*) d'un morceau tout à fait achevé, presque sans défaut, d'un véritable joyau de poésie, si parfait que nous hésitions d'abord à l'attribuer tout entier à M. Ad. Siret. Il s'agit de la pièce de vers intitulée : *Rose et Petite*.

« Le poëte demande à une belle enfant pourquoi elle court si vite vers le lac ; l'enfant lui répond, avec la naïveté de son âge, naïveté où, comme vous l'allez voir, il n'y a pas ombre d'afféterie :

> Monsieur, c'est une rose,
> Rose jolie à voir
> Sur le lac, et je n'ose
> Me pencher pour l'avoir.

« Le poëte reproche doucement à l'enfant
son désir cruel ; il la gronde de vouloir faire
du mal à la rose qui ne lui a rien fait. La strophe suivante développe cette idée charmante :

> Mais, non, monsieur, les roses
> Ne peuvent pas souffrir.
> — Enfant, les belles choses
> Sont faites pour gémir.
> La rose a sa souffrance
> Que le Seigneur sait voir ;
> Elle pleure en silence,
> Non le jour, mais le soir.

« Le poëte poursuit et tâche de faire comprendre à la petite, en employant des comparaisons à la portée de son intelligence en-
fantine, que Dieu anime les fleurs d'une espèce
de vie, qu'elles aiment la terre, le lac où elles
se mirent, que les oiseaux pleureraient la rose,
s'ils ne la voyaient plus, comme sa pauvre
mère la pleurerait, elle, si elle mourait ce soir.

« Dans ce délicieux morceau, les vers ont tant de grâce, de limpidité et de fraîcheur que l'antique comparaison des jeunes filles et des roses en est toute rajeunie.

« Voici la dernière strophe ; vous remarquerez, comme moi, qu'à force de naturel, de simplicité et de bonhomie, pourrai-je dire, l'auteur évite la mignardise, qui est son travers, qui était l'écueil du sujet :

> Dans son nid, la petite,
> Comme les anges font,
> Avec de l'eau bénite
> Signa son petit front.
> Dieu protége la rose
> Et l'enfant au cœur pur :
> Elle eut un rêve rose,
> Puis un réveil d'azur. »

Eugène Robin ne prodiguait pas l'éloge : comme tous les jeunes gens.

il craignait qu'on n'y vît un aveu d'igno-
rance ; au lieu que le blâme paraît, dans
celui qui l'inflige, une marque de supério-
rité. Lorsqu'il est obligé de louer, il en-
toure sa pensée de mille précautions. Je
citerai pour exemple l'examen qu'il a fait
d'un livre de M. Baron. Il avait deux motifs
pour dire du bien du livre : d'abord le
livre était bon ; en second lieu, il était
écrit par un homme envers qui il croyait
avoir des obligations; peu s'en fallut que
ce dernier motif ne le fît incliner vers la
sévérité. Ce sentiment est certainement
honorable, mais il faut savoir s'y soustraire : le juge qui veut obtenir un renom
d'impartialité doit avoir assez d'empire
sur soi-même pour pouvoir dire équitable-
ment du mal de ses ennemis et du bien

de ses amis, du moment que les uns et
les autres le méritent. Robin s'exprime
ainsi, dans son feuilleton du 1er novembre 1841 :

« Nous pouvons presque toujours dire des
auteurs qu'il nous arrive d'avoir à juger, ce
que Tacite disait d'Othon, de Galba et de Vi-
tellius : *nec beneficio, nec injuriâ cogniti.*
Nous connaissons personnellement M. Baron,
beneficio, pour un bienfait dont nous lui gar-
dons une vive reconnaissance : c'est à lui,
c'est à ses leçons orales au Musée de Bruxelles
que nous devons d'avoir aimé et compris,
étant encore sur les bancs du collége, la plus
agissante, la plus sociale de toutes les littéra-
tures modernes, la grande littérature française. C'est à ses comparaisons constantes
entre le génie des civilisations mortes et celui
de la civilisation nouvelle, c'est à ses aperçus

11.

toujours ingénieux, auxquels sa parole vive
et colorée, comme l'enthousiasme, prêtait un
charme si attachant, — que l'impression ne
s'en est pas effacée dans notre esprit mûri depuis par l'âge et par l'étude,—que nous devons
d'avoir vu jaillir la première étincelle au sein
du chaos de l'école. En apprenant que les lit-
tératures sont les images à jamais vivantes du
caractère, des croyances, des passions et de
la destinée des grands peuples, en voyant
toute chose concourir à former les rayons de
ces éblouissants soleils que le genre humain
allume dans ses jours de gloire ; nous avons
vu s'étendre l'horizon de notre pensée, et,
dès lors, rien de ce qui avait son reflet dans
ces miroirs universels, rien d'humain, comme
a dit le poëte comique, ne devait nous rester
étranger.

« Mais que ce souvenir intime, que l'aveu
public d'une amitié et d'une confraternité littéraire, formée depuis, ne rende point notre

critique suspecte aux yeux du lecteur. Si nous nous sommes déterminé à entreprendre l'examen du livre de M. Baron, c'est que nous pouvons le louer sans crainte. Si nous avions eu le malheur de ne le point approuver, nous aurions gardé un silence respectueux et triste. »

Eugène Robin s'était rapidement mûri ; il avait fait litière des illusions de sa jeunesse dès un âge où l'on conserve d'ordinaire encore beaucoup d'illusions. L'auteur d'*Egoïsme* et de *Livia* en était venu bien vite à détester la poésie intime, à conspuer les poëtes Jérémie. Il se rappelait pourtant avoir passé par là, il le disait bien haut afin peut-être d'éviter qu'on ne le lui rappelât.

Chaque époque a son allure : au temps

de notre jeunesse, le vent était à la poésie
intime. Le feuilletoniste avait beau jeu,
chaque semestre voyait éclore un recueil de vers, et toutes les fois qu'un
nouveau chevalier de la Triste Figure
entrait en lice, c'était un redoublement de
sarcasmes. Il se donna un jour le plaisir
de passer en revue tous ces Beaux Téné-
breux. **M.** Marcellin Lagarde lui en four-
nit l'occasion en lui offrant un exemplaire
de ses *Grains de sable*. Le défilé fut long;
chacun reçut son paquet, nul ne trouva
grâce devant l'Aristarque, en verve ce
jour-là; et lorsque la parade fut arrivée
aux derniers pelotons, le général s'exécuta
lui-même de bonne grâce, évoquant le
souvenir du temps où, comme les autres,
il marchait dans les rangs des pleur-

nicheurs; il voulut que l'ombre de ses propres illusions vînt clôturer le défilé. Le morceau est plein d'humour et des mieux réussis. Jugez-en :

« Je pourrais clore par une dernière citation cette série de lamentations sur l'amertume de la vie, poussées de tous les coins de la Belgique, par tous les jeunes poëtes qu'elle a vus naître depuis dix ans; mais je vous demanderai la permission de la supprimer. Le *moi* ne me semble jamais plus monstrueux que lorsqu'il faut l'immoler. Aussi je ne vous parlerai point de certain auteur, aujourd'hui revenu de toutes ces fadaises, qui, lui aussi, quoique gai, insoucieux et doué de la plus glorieuse santé, prêtait aux personnages de quelque drame hybride ses pensées d'alors sur la vanité du bonheur, l'amertume de l'amour et le fiel dont est toujours pleine la coupe de la vie. Qu'il me suffise de vous dire qu'il a sacrifié comme les autres à cette étrange manie ; que, comme les autres, il a enveloppé sa jeunesse dans un poétique linceul de strophes à porter le diable en terre, et que s'il a un avantage aujourd'hui sur les autres pleureurs dont il suivit quelque peu le cortége, c'est d'avoir arraché de bonne heure le crêpe de son chapeau et d'être depuis longtemps le premier à rire de toutes ces fausses douleurs qu'il croyait de bonne foi ressentir. »

On n'y saurait, assurément, mettre plus de désinvolture : ne croirait-on pas entendre un vieillard revenu des erreurs et des vanités du jeune âge ?

En résumé, Eugène Robin, dans son feuilleton de l'*Indépendant,* s'est montré trop sévère à l'égard de la jeune littérature belge. Loin de moi la pensée de lui

attribuer un parti pris de dénigrement ;
il était de bonne foi. D'ailleurs ceux-là
mêmes qu'il a traités le plus durement lui
doivent du moins de n'avoir pas passé
inaperçus. Pendant les huit années que
Robin a tenu le feuilleton, il y a eu une
critique suivie et gratuite des productions
de la littérature indigène, ce que nous
n'avons pas aujourd'hui. Si l'écrivain
était avare de ses éloges, il ne les vendait
point.

CRITIQUE GÉNÉRALE.

CRITIQUE GÉNÉRALE.

Nous avons vu le jeune poëte débuter, en juin 1835, dans le feuilleton de l'*Indépendant*. Il commença par faire des comptes rendus des représentations théâtrales. Dans les premiers temps, il s'occupait de tous les genres ; à dater de 1837, il céda la partie musicale à son confrère

et ami, XX, qui tient encore aujour-
d'hui le même emploi à l'*Indépendance
belge*. Ses articles furent bientôt remar-
qués. Soit qu'il s'occupât d'un simple
vaudeville, d'une comédie ou d'un drame,
il savait toujours mettre du sien dans
son analyse. On pouvait aisément reconnaître qu'il avait fait une étude sérieuse
de la théorie de l'art. Il employait un
procédé qu'on ne saurait trop recom-
mander : pour se rendre capable de bien
juger les productions récentes, il refaisait,
pour son usage personnel, l'analyse des
chefs-d'œuvre anciens, non pas des rémi-
niscences de ses classes, mais des appré-
ciations neuves et libres de toutes les
influences subies précédemment. Il a publié sous le titre de : *Impressions litté-*

raires, plusieurs de ces remarquables études ; il y exprime, dans toute l'indépendance de son esprit, ses doctrines, ses préférences et ses antipathies. Eschyle, Shakespeare, Corneille, Racine, Molière, Voltaire, Regnard, Beaumarchais posent tour à tour devant le jeune critique. On ferait de la réunion de ces feuilletons un volume substantiel, digne de prendre place dans une liste de livres classiques.

Eugène Robin poëte, si on ne le jugeait que d'après les deux drames qu'il a publiés et d'après le recueil inédit qu'il a laissé, devrait être rangé parmi les romantiques ; le critique n'a rien conservé des tendances du poëte ; il est sage et progressiste dans ses idées ; il a le goût d'un classique, repoussant toutes ces

excentricités qu'on voulait donner pour
du génie. La transformation est la même
quant à ses idées politiques, sociales et
religieuses; il y a un abîme entre les
opinions du dramaturge et celles du publiciste. Saint-simonien et socialiste dans
Égoïsme et *Livia,* il devient, quand il se
fait le juge des œuvres d'autrui, un doc-
trinaire, un conservateur même, peu s'en
faut qu'il n'aille jusqu'à la réaction; il est
à coup sûr de la résistance. Cela tient-il
à la position du journal qui lui servait de
tribune? Je ne le pense pas; les patrons
de l'*Indépendant* n'étaient assurément ni
des démocrates, ni des progressistes dé-
terminés, la mesure qui a mis fin à l'existence de ce journal l'a suffisamment
démontré. Mais Eugène, à mon sens, n'a

exprimé sa vraie opinion qu'en prose ;
quand il écrivait en vers, il laissait libre
carrière à la folle du logis, à laquelle il
jetait la bride sur le cou : elle se dédom-
mageait alors du frein que lui imposait, le
reste du temps, la raison de son cavalier.

Je donnerai quelques exemples de la
manière du jeune écrivain. Son premier
feuilleton exprime, à propos du vaudeville de Scribe, *la Croix d'or*, une idée
qui pouvait paraître hardie en 1835 ;
aujourd'hui c'est l'opinion de tout le
monde.

« L'Empire est une époque dont les vaude-
villistes ont singulièrement abusé, certains
qu'ils étaient de réveiller les sympathies de
leur public. J'ai peur de ces soldats de la
vieille garde, Cambronnes en épaulettes de

laine, qui, s'il faut en croire les vieux militai-
res de chair et d'os, ressemblent si peu à la
vieille garde ; j'ai peur de ce colonel qui meurt
sur le champ de bataille et qui lègue sa croix,
les vingt mille francs en or renfermés dans
son portemanteau, sa femme ou ses enfants à
quelque vieux grognard qui vous raconte en
chantant la déplorable aventure et, à la fin
du couplet, s'essuie les yeux avec le revers
de la main ; enfin, j'ai peur de toutes les ba-
tailles de l'Empire, des imprécations contre
les Prussiens, les Russes et les Autrichiens ;
j'ai peur du petit Caporal, que sais-je ? j'ai
peur de tout ce qui sent la grande armée. »

Pour un début, cela promettait.

Sous le titre de *Dandysme littéraire*, il
fit un charmant feuilleton auquel je veux
emprunter une monographie qui donnera
une idée de sa manière, de sa touche
légère et fine.

« Qu'est-ce qu'un dandy? Ceci est difficile à expliquer. Si c'est le dandy avant le croisement de la race, le dandy pur sang, vivant sous le climat qui l'a vu naître, si c'est le dandy anglais, en un mot, qu'on entend, je vous dirai que c'est la plus sotte espèce d'homme qui soit au monde. Au repos, il a toutes les propriétés par lesquelles les sciences distinguent les corps solides dans le règne minéral : l'impénétrabilité, l'immobilité, l'insensibilité. C'est une machine insolemment muette et désespérément inflexible, qui professe un mépris souverain pour l'homme, avec lequel on ne peut d'ailleurs la confondre. Le dandy anglais n'a de communication avec son prochain (je ne dis pas son semblable), quand son prochain est son inférieur, que par l'intermédiaire de son valet de chambre, une aussi belle bête, dans son espèce, que ses chevaux et ses chiens; avec ses égaux (il ne reconnaît pas de supérieurs), que par une espèce de grognement guttural, inarticulé, où l'on découvre, quand on y est fait, une manière d'argot de bon ton qui ne ressemble pas plus à la langue anglaise que lui ne ressemble à un homme. A voir son individu tiré dans sa longueur, ficelé, étriqué, se mouvoir automatiquement, on ne saurait croire qu'il y a de la pensée là-dessous. Enfin, un dandy c'est quelque chose de verni aux pieds, de sanglé au corps et de frisé à la tête, qui court la vie comme une chasse au clocher, à cheval sur un million au moins de revenus. Ajoutez à cela qu'il lui faut un grand nom, comme Percy ou Courtenay, et vous comprendrez que tout le monde n'a pas les moyens d'être un dandy dans la force du terme. Aussi l'espèce en est-elle fort rare, même aux lieux où elle vient en pleine terre. Cependant Brummel, le type du genre, n'était pas gentilhomme, que je sache ; mais il eut l'amitié du prince de

Galles, dangereuse faveur qu'il expia par une vieillesse misérable et obscure. »

Robin sait manier la plaisanterie, mais le plus souvent il est sérieux, la plume à la main, j'entends : la jeunesse aujourd'hui est sérieuse dans toutes ses actions, Robin réservait sa gravité pour son rôle officiel. Voici, par exemple, une page qui ne serait point déplacée dans un traité de l'art de la composition.

« Un livre n'est autre chose qu'une pensée complexe, exposée, déduite et conduite à son but avec une clarté, une suite et une progression telles, que le lecteur puisse toujours, à travers les développements, les digressions et les écarts même que le sujet souvent nécessite, retrouver sans cesse l'idée mère qui la domine, et, à quelque endroit qu'il se

place, en apercevoir toujours le commencement et la fin, la promesse et l'accomplissement, comme au milieu d'un isthme d'où l'on
verrait les deux rives de la mer. L'ordre et
l'harmonie sont les qualités essentielles d'un
livre. Tout esprit qui crée sent le besoin de
démêler d'abord le chaos qui bruit au delà
de lui. Il n'arrive à la connaissance de son
œuvre que quand il a fait la lumière.

« Les bons auteurs dont les ouvrages sont
les délices de nos loisirs, ont fait des livres,
et ce que nous admirons si fort dans leurs
écrits, c'est l'intérêt et la clarté qui sont le
résultat de la sagesse dans le travail, du calme
dans l'inspiration. Comme chaque chose est à
sa place et qu'ils ne disent rien de superflu,
qu'ils se sont impitoyablement interdit les ma-
gnifiques inutilités, par le seul motif qu'elles
n'auraient pu venir en leur lieu, nous conce
vons et nous retenons leurs pensées avec une
facilité extrême. Et il y a tant de charme et de

tranquillité dans ces pentes aisées qu'ils ou-
vrent à nos esprits, que nous n'arrivons que
par la réflexion à deviner combien ils ont dû
manier, tailler, polir leur pensée avant de la
faire aussi simple, aussi belle aussi facile à
comprendre et à admirer (1). »

Admirateur passionné des premières
œuvres de Victor Hugo, il ne lui épargne
point la critique lorsqu'il s'aperçoit que
le poëte est prêt à faire fausse route ; il
laisse alors la raison parler plus haut
que ses préférences :

« Les coryphées du parti se taisent, perdus
pour ainsi dir. dans l'anéantissement de leur
triomphe. Dans quelques jours peut-être, le
chef de la réforme, M. Victor Hugo, auquel,

----

(1) *Variétés*, 12 déc. 1836. *Essai sur la litt. ang.*
par Chateaubriand.

en dépit des écarts de son imagination, je ne
saurais me résoudre à refuser le génie, quelque abus qu'on ait fait, en son nom, du mot
et de la chose, sera de l'Académie, et s'il ne
renie pas son œuvre, ce qu'il ne saurait faire
sans renier en même temps sa gloire, il re-
connaîtra du moins, mûri par l'âge et éclairé
par ses défaites, qu'il est entré dans la
deuxième phase de sa brillante carrière;
qu'après en avoir traversé une partie dans la
lutte et le mouvement et s'être épuisé à combattre pour un principe, il est temps qu'il
songe au soin de sa réputation, et que s'il con-
sent à quitter les orageux succès de son existence de poëte dramatique, il ne dépend que
de lui de produire des chefs-d'œuvre, non
point plus beaux d'invention et de sentiment,
mais d'un goût plus irréprochable encore que
les *Feuilles d'automne* et *Notre-Dame de
Paris*. Si jamais cette métamorphose s'opère
chez M. Victor Hugo, et il y viendra, soyez-

en certains, c'en est fait des partis littéraires, et la littérature, jetée un moment hors de sa voie, n'ira pas sans doute remonter, par le chemin qu'elle a parcouru, vers les traditions du goût classique ; mais, riche de ses nouvelles conquêtes, reprendra l'allure sage, réglée et constante qu'elle avait dans les plus beaux jours du beau siècle. » (25 décembre 1836.)

Cette prédiction ne s'est pas accomplie, pour l'illustre poëte du moins. Eugène Robin n'a pu lire ni *les Contemplations,* ni *les Chansons des rues et des bois,* ni *les Misérables,* ni *les Travailleurs de la mer ;* mais il a lu *les Burgraves* et la lecture de ce drame lui arrache ces paroles :

« Nous voyons et nous verrons toujours, dans le plus grand poëte, après tout, que possède aujourd'hui la France, ce qui ne se rencontre guère que trois ou quatre fois par siècle, un homme de génie, et cet éloge qui passe tous les autres nous dispense de faire de plus amples réserves. Nous contemplons les proportions grandioses de la statue ; mais il ne s'ensuit pas que nous devions la trouver sans défauts. Elle est pour nous l'objet d'un culte réfléchi et sévère, et non de cette idolâtrie aveugle qui, chez ses admirateurs, va encore aujourd'hui jusqu'aux transports du plus ardent fanatisme. C'est quelque chose de considérable à nos yeux que ces passions littéraires qu'il a la puissance d'exciter ; mais si elles confirment notre conviction pour la valeur exceptionnelle du poëte, elles ne sauraient égarer notre jugement, lorsqu'il nous met en présence d'une manifestation particulière de sa nature complexe. » (15 mars 1843.)

C'en est assez, je pense, pour donner une idée des principes littéraires de notre critique.

VI

IDÉES RELIGIEUSES.

13.

IDÉES RELIGIEUSES.

La nature d'Eugène Robin entraînait
son esprit vers le côté sérieux des choses.
La plume à la main, il n'était jamais frivole, quoique souvent enjoué, quand le
sujet comportait une certaine légèreté :
le fond était solide, quelle que fût la déli-
catesse qu'il donnait à la forme. Son

feuilleton tournait volontiers à la gravité. Obligé de rendre compte de la première représentation d'un vaudeville, même d'un ballet, il s'exécutait sans ennui pour le lecteur ; mais son goût l'attirait vers la haute littérature. Il élargit bientôt le cercle de sa juridiction, qu'il étendit aux questions philosophiques , religieuses, sociales. Il réussit également bien, mieux encore peut-être, dans ces excursions sur un nouveau champ d'exploration, et plusieurs fois on lui céda, comme une tribune plus digne, quelques colonnes de la troisième page du journal, à la rubrique *Variétés*. Sa prose eut aussi, dans des circonstances exceptionnelles, les honneurs du premier Bruxelles. Lors de la mort du duc d'Orléans, c'est à sa plume qu'eut recours la direction de l'*Indépen-dant* pour commenter ce douloureux événement.

Il ne se mêlait point aux débats journaliers de la politique des partis ; ce n'était pas un journaliste, à proprement parler ; il s'entendait peu à la pratique des affaires : c'était un théoricien, pour qui tout était sujet d'étude et non d'application. Quand une question lui tombe sous la plume, il la traite de sentiment et d'inspiration ; il s'inquiète assez peu de la couleur du journal auquel il destine son étude. Il signe tous ses articles, il en attire à lui seul la responsabilité. Sans indépendance, point de responsabilité ; puisque je suis responsable, je parlerai librement. Il le dit en termes fort clairs,

et ses patrons ont le bon esprit de le
laisser parler.

« Nous qui connaissons notre presse bruxel-
loise par cœur, nous y savons des gens timides et fort embarrassés de leur opinion personnelle quand elle ne cadre pas avec les
nécessités de leur entreprise quotidienne ou
hebdomadaire, qui vous diront, à propos d'un
méchant livre ou d'un tableau médiocre :
C'est vrai, c'est mauvais; mais pourquoi le
dire et l'imprimer? Il ne faut pas déprécier la
nation.

« O mon bienheureux feuilleton du lundi !
tu n'as pas de ces lâchetés-là, toi ; tu dis tout
ce que tu veux, tout ce que tu penses. Si tu
professes çà et là quelques hérésies constitu-
tionnelles, l'article de fond ne prend pas feu
aussitôt et ne se hâte pas de te donner un
inutile démenti. Il sourit, te laisse dire et n'en
pense pas moins. » (18 novembre 1839.)

L'inspiration a donc plus de part que
les principes dans les jugements que
porte notre jeune publiciste. Flottant
d'abord, il arrive, un peu vite, sans doute,
au catholicisme libéral, opinion qui floris-
sait à cette époque. Son éducation religieuse n'avait pourtant pas été surchargée
de pratiques de dévotion et d'exercices
pieux ; mais par instinct son esprit incli-
nait vers l'idéal et l'infini ; le phrénologue
qui eût exploré son crâne y eût reconnu
la bosse de la religiosité. Plutôt que de
se passer de culte, il s'en serait volontiers créé un pour son usage ; aussi, à la
première occasion, il donna un aliment,
un peu indigeste, j'en conviens, au besoin
qu'il éprouvait de croire en quelque chose :
il se jeta dans le saint-simonisme ; ce fut

une première déception. En 1832, son calepin confidentiel en fait foi, il doutait. Il y a une question qui peut servir de pierre de touche lorsque l'on veut connaître quelles sont les croyances religieuses d'un homme ; cette question, c'est celle du suicide. Nous savons quelle était, à vingt ans, sa pensée sur cet acte de la volonté ; il l'a exprimée dans des pages remarquables qui, par la comparaison avec ses écrits postérieurs, permettront d'apprécier le chemin que ses idées ont fait en quelques années.

Le 23 octobre 1832, il écrit dans son calepin :

« Serre s'est brûlé la cervelle. On dit que c'est un chagrin d'amour qui l'a porté à cet acte de désespoir. Pauvre garçon ; il aimait une danseuse qui avait fait la cruelle! Sa mort servira plus à lui donner de la vogue, à cette danseuse, qu'à faire plaindre celui qui s'est tué pour elle. Au reste, ce chagrin n'était qu'un prétexte qu'il attendait. C'était une idée fixe chez lui que le suicide. Je me rappelle que, après l'affaire de Bautersem, nous avons fait route ensemble jusqu'à Louvain. Il faisait nuit, nous avions tiré des coups de fusil, nous avions manqué d'être balayés par un coup de mitraille dans c tte sotte affaire; notre esprit était monté, la route était longue. Nous parlâmes longtemps, longtemps. Nous nous fîmes bien des confidences et il m'exposa ses idées sur le suicide. Je ne sais comment nous en étions venus là, mais il me dit, avec l'accent de la plus profonde conviction, qu'il croyait qu'il se brûlerait tôt ou tard la cervelle.

« Il était blasé sur tout, ne croyait en rien, riait de tout, était mécontent de lui-même et n'avait rien à faire dans les vingt-quatre

heures de la journée ; c'était plus qu'il n'en
fallait pour songer vingt-quatre fois par jour
au suicide. C'était cependant une tête bien
organisée, mais n'ayant aucun but vers lequel
il pût concentrer l'activité de son esprit, il
s'était laissé aller au découragement. Il avait
de la facilité, mais presque à son insu. Il me
dit un jour : « Ils prétendent que je suis fat,
« mais, en vérité, ce n'est pas là mon inten-
« tion. » Il n'avait, je crois, aucun ami, beaucoup de connaissances. La dernière fois que je
le vis, il n'y a pas trois semaines, il avait l'air
très-ennuyé, comme d'ordinaire, mais il n'é-
tait pas triste.

« L'on dit qu'il y a de la lâcheté à se suicider ; c'est une grande sottise que répètent les
gens qui n'auraient pas le courage de le faire.
C'est une de ces vérités admises par le plus
grand nombre, parce que c'est le plus grand
nombre qui ne se tue pas Il y a un grand courage à se suicider. L'homme qui se suicide y

a pensé pendant longtemps. Il s'est dit : Lorsque la vie me sera insupportable, je m'en dé-
barrasserai. Et dans ses longues rêveries il
sera arrivé à la pensée, toujours douloureuse,
qu'il sera bien vite oublié par ceux qui l'ai-
maient le plus. Il se sera pris à regretter des
plaisirs, des jouissances, qui n'en sont plus
pour lui, mais qui se parent encore de leur
fraîcheur première par cela seul qu'il les faut
quitter à jamais. Il est rare qu'un tel homme
n'ait pas pensé à Dieu, à son âme, à toutes
ces questions que l'on a agitées depuis des
siècles et dont la solution ne paraît pas nous
appartenir. Quelque incrédule qu'il soit, placé
au bord de l'abîme, il aura bien dû y jeter les
yeux. — Est-ce au néant que je cours? se
sera-t-il dit. Au xixe siècle, la réponse aura
été : C'est bien au néant. Voilà précisément
pourquoi l'on se suicide. Il y a certes du courage à s'anéantir. Le matelot qui, dans une
tempête, n'attend pas que la mer l'emporte

avec le dernier débris du navire, mais se jette
dans les flots pour finir plus tôt sa souffrance,
est bien plus courageux que celui qui s'ac-
croche convulsivement à la dernière planche.
Celui-là s'est résolûment arraché à l'espérance
qui n'est jamais plus forte que dans les grandes crises. Le suicide n'est plus un crime ; il
devait l'être dans les siècles religieux.

« Il n'est pas de si vive douleur, de si vio-
lent désespoir qui ne dût paraître petit, mes-
quin, égoïste devant la grandeur de la vie
future telle que la promettait la foi chrétienne.
Le cilice était là qui tuait le corps sans tuer
l'âme, et l'on n'avait pas besoin de la mort
matérielle pour mourir complétement au
monde. L'impossibilité de tuer l'âme rendait
le suicide un tourment de plus. Aujourd'hui
la chance seule de l'anéantir fait du suicide
un devoir à l'homme malheureux. Rien de
plus naturel que l'homme, éclairé de tout ce
que les siècles ont charrié jusqu'à nous de lu-

mières, vienne à se dire dans ses méditations, dans les moments où il ne se sentira plus retenu par aucun des liens les plus forts qui nous attachent encore à nos semblables : — Jeune encore, je devine ce que sera ma vie : je ne suis pas un être supérieur; je ne serai ni un Napoléon, ni un Byron. (Et c'est ce dont on est soi-même le meilleur juge.) Je dois vivre dans la foule, inconnu, remarqué seulement par le petit nombre de ceux que je coudoierai en passant. J'ai déjà usé le feu de ma jeunesse ; j'ai eu de délicieux moments qui ne reviendront plus ; mes jouissances iront maintenant toujours décroissant d'intensité ; j'arriverai à un âge où je ne sentirai plus, à peu près dans l'état de l'homme placé entre le réveil et le sommeil ; arrivé à cette époque, je ne serai plus qu'une masse inerte, je n'aurai plus de mouvement qui parte de moi et, placé sur mon lit de mort, je ne serai plus sensible qu'à la douleur physique de mourir. Toute ces grandes questions d'éternité, de Dieu, de néant disparaîtront devant les douleurs plus positives d'un cancer ou de la décrépitude.— Décrépitude de corps, décrépitude d'esprit. Je ne me verrai pas mourir, comme je ne me suis pas vu naître. Je n'aurai aucun mérite à croire ou à ne pas croire. Je ne serai plus entier, je ne serai plus moi-même. Si je me marie, selon la loi du siècle, j'aurai,—en supposant tout au mieux, — la félicité conjugale à trente ans, la félicité paternelle à quarante; je ne parle pas de la petite dose de jouissance que me procurera l'ambition : elle se noiera dans la petitesse des moyens qu'il faudra employer pour la satisfaire. A cinquante ans, ou je serai riche ou je serai pauvre. Dans le premier cas, avec le refroidissement de tout ce qu'il y a de généreux dans mon cœur, au lieu de rayonner, ce cœur concentrera en lui même, absorbera, pour se réveiller de sa torpeur, la chaleur d'autrui. Viendra l'égoïsme. Et l'égoïsme d'un homme de cinquante ans, c'est quelque chose de bien dégoûtant aux yeux d'un jeune homme : c'est la table, c'est un cordon rouge ou bleu selon l'époque, une augmentation graduelle de revenu et une soif insatiable de jouissances de plus en plus diverses, de plus en plus matérielles Pauvre à cinquante ans, c'est n'avoir pour avenir qu'une vieillesse morose, assez sensible encore pour tressaillir au picotement de la misère . mais trop peu énergique pour éviter l'hôpital. C'est l'état de la grenouille morte à qui l'électricité fait contracter les mus. les. A soixante ans, à soixante-dix ans, même avenir pour le pauvre et pour le riche : affaissement accéléré de toutes les facultés de ce qu'on appelle l'âme, dépérissement des forces de ce qu'on appelle le corps; tendance continuelle de nivellement entre cette âme et ce corps. Au moment de mourir, le niveau s'est établi. Les os se sont soudés, le sang s'est raréfié et refroidi, la vue s'est affaiblie, le goût a disparu. Les sens de l'âme ont suivi la même gradation. A la mort, le néant de l'âme, le néant du corps.

« Et l'on s'étonnera qu'un homme, dans un moment de désespoir, préfère ne pas passer par toutes les phases qu'il prévoit et se détermine à finir tout d'un coup! Je le dis encore une fois, cet homme-là est courageux. Quand cet homme-là aura dirigé le canon d'un pistolet sur son front, il aura fait le seul acte de volonté bien dessiné de l'homme. S'il lâche la détente, ce sera bien en vertu de son libre arbitre. Il n'y aura pas la fatalité ou Providence. Comme ce Romain qui se disait fils de ses œuvres, il sera mort par sa seule volonté.

« Pauvre Serre! Il en sera de lui comme d'Escousse, dont on ne parle déjà plus. Dans une quinzaine de jours, on l'aura complétement oublié. C'est bien la peine de parler d'éternité. »

A cette époque, toutes ses notes et ses poésies intimes indiquent un grand trouble moral. Il nie l'immortalité de l'âme, qu'il proclamait deux ans auparavant. Il n'est plus même sceptique, il dit quelque part :

Et pour me consoler, je n'ai plus le *peut-être*.
Le doute est encore un espoir.

C'est la même plume qui, dans cinq ans, écrira ce mot qui mérite d'être conservé : « Les sceptiques, ces mutilés de l'âme. » Nous avons été témoins de revirements aussi complets, mais, le plus souvent, dans le sens inverse. Le trouble et les hésitations de Robin ont leur source dans sa situation précaire et dans l'ébranlement qu'une passion violente, des liens brusquement rompus, avaient imprimé à son esprit. Il ne trouvait aucune ancre où se rattacher. Mais, à partir du jour où il eut une mission, une tribune, il comprit qu'il avait en quelque sorte charge d'âme ; il eut un but, il lui fallait un régulateur, il le trouva dans l'idée du devoir. Dans le temps de ses hésitations, il avait amèrement regretté de n'être pas né à une époque de foi.

Fais que l'éternité ne soit pas un vain leurre,
    Être inconnu, révèle-toi ;
Je le sens, ô mon Dieu ! Mais j'ignore et je pleure.
    J'ai l'espoir, donne-moi la foi.

Voilà ce qu'il écrivait en 1832 ; doit-on s'étonner de le voir traiter dans l'*Indépendant* les questions religieuses sur un ton qui lui donnerait aujourd'hui ses grandes entrées au *Correspondant?* Il méritera bientôt les encouragements de M. de Montalembert, et le témoignage du feuilletoniste sera invoqué par un des principaux apologistes du christianisme.

M. Auguste Nicolas, aux pages 513 et suivantes du tome IV de ses études philosophiques, reproduit en entier un feuilleton de l'*Indépendant* du 26 février 1838.

« Dans un article publié en Belgique, deux ans avant celui de M. Macaulay, M. Eugène Robin, publiciste de talent, a également rendu l'impression que doit faire éprouver, à tout homme qui lève les yeux, le grand fait de la perpétuité du pouvoir catholique. Mais, à la différence de M. Macaulay, il n'a pas été seulement saisi du fait : l'idée, le dogme, lui sont apparus derrière ; il n'a pu les éviter, et,

comme Balaam à la vue d'Israël, il a prophé-
tisé la foi, qu'il ne partageait pas encore. »

L'apologiste bordelais accompagne sa
citation de ce compliment flatteur :

« Nous avons tenu à donner ce beau morceau dans toute son étendue, sauf à nous ré-
duire nous - même pour les choses que nous
avions à ajouter On se gêne avec plaisir pour
faire place, quand on a le bonheur de recevoir chez soi de pareils hôtes. »

Je ne citerai que le début de cet article
qui avait pour objet les *Lettres sur le
saint-siége*, par H. Lacordaire. Eugène
Robin, voulant expliquer sa conversion,
en montre l'origine dès le lointain de son
enfance.

« Un homme d'esprit et de cœur dit un jour

devant moi (j'étais encore enfant alors) : « Au-
« jourd'hui il n'y a rien au monde de fixe et
« de stable à quoi l'on puisse rattacher sa
« vie Les idées et les rois passent ; tout se
« déplace, tout s'use avec une dévorante ra-
« pidité. La société change dix fois de face
« entre le berceau et la tombe d'un mortel.
« En vérité, au milieu de cette versatilité des
« choses, il n'y a qu'une ville et qu'un homme
« qui, par leur immobilité dans l'océan du
« temps, présentent à notre esprit une image
« de suite et de perpétuité : Rome et le pape.
« Trouvez-moi, pour ceux qui sont las d'errer
« à la merci de tous les vents et qui deman-
« dent à la vie le calme de l'éternité, un re-
« fuge assuré où chercher un abri, un port
« toujours ouvert où amarrer leur barque, si
« ce n'est ce rocher plus haut que les tem-
« pêtes, Rome et la papauté ? »

. « Cette parole, jetée sans prétention au milieu d'une causerie tour à tour frivole et sé-

rieuse, est tombée en moi et y est demeurée depuis, tant elle avait frappé mon imagination. »

C'est au moment où **M.** de Lamennais rompait définitivement avec Rome qu'Eugène Robin arrivait aux idées catholiques. Je dis aux idées, je ne dis pas au culte. Le 23 février 1837, l'*Indépendant* donne, en premier Bruxelles, un article ayant pour titre : *Position nouvelle de M. de Lamennais,* quatre colonnes signées des initiales E. R. C'est bien là une déclaration de principes s'il en fut jamais. Le jeune athlète adresse au prêtre apostat, au réformateur impuissant, cette véhémente apostrophe :

« Les destinées d'une religion de dix huit

siècles, qui a résisté à Luther et à Voltaire et
qui vous résiste, sont le secret de Dieu qui
n'a été révélé à nul homme de notre siècle.
A la place de la forme qui vous semble usée,
osez donc proposer une autre forme, la religion nouvelle que vous pressentez, il faut
bien dire le mot ; vous ne l'avez pas fait et
vous ne le pouvez faire. Car ce plâtrage
étrange, impie, des principes les plus contrai-
res, cet accouplement inouï d'un dogme humain avec une doctrine divine, cet entasse-
ment de Titan qui retombe sur votre tête, ce
n'est pas là le catéchisme d'une religion nouvelle, ce serait votre profession de foi tout au
plus. Et quelle foi? Pour qu'il y eût une religion, un lien pour rallier les hommes, il faudrait cette forme qui, selon vous, est impar-
faite, informe par essence, cette forme, œuvre
de l'homme qui meurt avec lui. Eh bien,
puisque vous ne l'avez pas trouvée, vous êtes
coupable, nous vous le répéterons toujours

quand nous parlerons de vous, vous êtes coupable, comme prêtre d'un dogme que vous
avez renié, de pousser à la haine et au mépris
d'une forme religieuse que vous reconnais-
sez votre impuissance à remplacer. Oh ! le
beau service que vous rendez au peuple, monsieur le philanthrope républicain. Saint Martin se dépouillait de son manteau pour ré-
chauffer les membres nus de l'indigent qu'il
rencontrait sur sa route. Vous, vous allez au
peuple et vous voyez qu'il souffre et qu'il
gémit encore. Et vous lui dites : Frère, les
temps sont mauvais l'orage va fondre sur ta
tête ; cesse de t'envelopper de ce manteau qui
t'a été donné pour te préserver des rigueurs
du froid et de la misère, des injures du temps
et des injustices des hommes. Ce vêtement
que tu croyais d'une origine céleste a été tissé
par une main humaine. Le premier souffle
peut l'emporter et en disperser les lambeaux
au gré de la tempête. Crois-moi, dépouille-

t'en. — Et si le peuple vous écoutait et que,
les épaules nues, désormais sans recours contre les misères de la vie, il s'écriât : Vous qui
m'avez fait jeter mon manteau aux ronces du
chemin, donnez-moi un vêtement meilleur
qui couvre mes pauvres membres nus ; car
j'ai bien froid et je suis sans défense contre
l'effort de la saison mauvaise. Vous seriez
obligé de lui répondre : Tu as bien fait de jeter
ce manteau qui était vieux, qui se déchirait,
qui était l'œuvre fragile des hommes. Mais,
hélas! je n'en ai point d'autre à te donner à la
place. Car telle est, en définitive, la solution
du problème que vous proposez. C'est pourquoi nous vous dirons : Votre œuvre nouvelle
est encore une mauvaise œuvre et vous serez
jugé selon votre mérite. Prêtre, vous faites
mal de continuer un scandale qui a produit
une sensation si triste dans le monde chrétien. »

Et à chaque publication du prêtre en révolte, Eugène Robin revient à la charge, sans ménagement ; plus son adversaire s'égare, plus il le poursuit, plus il semble s'affermir lui-même dans sa nouvelle croyance, dont les chaleurs de la lutte lui rendent les clartés plus manifestes. Il y a là de la passion ; je ne puis refuser de la sincérité à ces pages émues.

« C'est un spectacle vraiment douloureux pour tout esprit bien fait, que la chute d'un beau génie ; mais il est une émotion plus pénible, c'est, lorsque cette chute se prolonge, de compter tous les degrés d'abaissement par lesquels il trouve le triste secret de pouvoir descendre encore. Tel est le phénomène que présentent les derniers égarements de M. de Lamennais. A chacune de ses publications nouvelles, ceux qui déplorent l'abus que cet homme a fait des nobles facultés dont le Ciel semblait avoir voulu le douer, afin que, dans ce siècle de peu de foi, le rôle du prêtre pût remonter jusqu'à la mission de l'apôtre, ceux-là se disaient entre eux : Ce livre est la dernière expression de son désespoir ; ce système est la dernière formule de son orgueil. Désormais il va se taire, et convaincu de son inutilité, il va s'envelopper jusqu'à la mort dans l'expiation du silence. Espérance vaine! il n'a plus rien à dire, il faut cependant qu'il parle, il faut qu'il aille sur le chemin de la foule étaler ses blessures, et que les passants effrayés entendent le bruit sinistre de ses malédictions. Lui qui anathématisait sur la montagne, il tiendra bureau d'injures sur le Forum; des Paroles pseudo-bibliques d'un croyant, il tombera dans l'orientalisme parisien des Amschaspands et des Darvands »

5 avril 1845.

Nous approchons du terme de l'existence du journal l'*Indépendant*. Robin y traita encore des questions du même ordre : *Polémique religieuse du* JOURNAL DES DÉBATS (6 janvier 1842); *Examen des accusations portées contre Damiron et Cousin au sujet d'un écrit philosophique de Jouffroy* (4 et 9 janvier 1843); *Coup d'œil sur les progrès du christianisme* (17 et 23 mai). Ces matières ont évidemment un attrait particulier pour lui. Il y excelle, il leur doit ses plus beaux succès; on ne trouvera pas mauvais, je l'espère, que j'emprunte de nombreux passages à ceux de ses travaux qui ont la religion pour objet. Bien que mon but soit avant tout de montrer l'écrivain pendant son séjour en Belgique, je citerai encore, parce qu'elle a rapport à M. de Lamennais, une page d'un article très-remarqué qui a été publié, sous le titre de : *Socialistes et chrétiens*, dans la *Revue nouvelle*, de Paris, publication dont Eugène Robin a été l'un des fondateurs et dont je parlerai plus longuement tout à l'heure.

« M. de Lamennais croit à l'éternité de la parole du Christ, il vient de publier une traduction des Evangiles où il le répète sans cesse. J'aime à opposer ce grave témoignage à l'auteur du *Peuple* (M. Michelet) pour qu'il le médite Mais puisque ce rapprochement fortuit se présente sous ma plume, je ne l'abandonnerai pas sans montrer que l'école dont je viens de déplorer les écarts (l'école socialiste) n'a réussi , par son indulgence pour toutes les audaces, qu'à recruter les esprits incomplets et médiocres. Voyez M. de

Lamennais ; il n'est point de révolte dont son
âme ne puisse concevoir la pensée. Prêtre, il
a rompu avec le chef de la catholicité, s'ima-
ginant qu'il était par lui-même un schisme, et
qu'il pouvait dire :

« Rome n'est plus dans Rome, elle est toute où
[je suis. »

Il a retiré sa personnalité solitaire de
l'Eglise, il a démoli le contre-fort puissant,
bâti de ses propres mains sur le sol des révolutions, auquel l'Eglise se réjouissait de s'ap-
puyer, et il a cru qu'elle fléchirait de ce côté
C'était là un immense orgueil ; mais le penseur n'a pas fait comme le prêtre : il ne s'est
point rué sur la réforme littéraire, il a dédai-
gné vos insurrections mesquines contre le
goût, contre la langue et ses nécessités sévères. L'orgueil du moins a sa vertu, il pré-
serve de la vanité ; c'est une passion virile
qui a la simplicité de la force et ne sent pas le
triste besoin de s'exagérer. M. de Lamennais
est demeuré le chaste écrivain de ses pre-

miers succès, le digne dépositaire des traditions d'une grande école. L'estime superbe qu'il a de lui-même a pu égarer son intelligence, elle n'a point dégradé son génie. »

Eugène Robin n'était pourtant pas un catholique pratiquant; c'était un libre penseur, qui voyait les choses de très-haut; il avait un souverain mépris pour cette critique facile qui n'en voit que les petits côtés; qui condamne une institution parce qu'elle a donné lieu à des abus : on n'abuse que de ce qui est essentiellement bon. Il se riait des efforts que font les ennemis de la religion pour en contester la vérité. Il dit par exemple (1) : « La puérile insistance de démontrer la

______

(1) *Jésus-Christ et sa doctrine*, par Salvador (*Indépendant*, 31 décembre 1858).

préexistence de certaines parties de la
doctrine du Christ ressemble à l'impor-
tance que quelqu'un mettrait, en présence
d'un édifice colossal, à prouver que la
base repose sur les fondements de mille
masures abattues. »

Était-il croyant? Il dit quelque part
qu'il n'est pas chrétien ; mais je suis certain qu'il aurait voulu avoir la foi, et qu'il
regardait comme un acte coupable de
chercher à en détourner ceux qui ont le
bonheur de la posséder. La religion, pour
lui, c'était le lien social, et il ne pensait
pas que la société pût subsister si ce lien
était détruit. Auprès de ce grand intérêt,
que sont, aux yeux du penseur, quelques
abus que les hommes mêleront toujours à
l'exécution des lois les plus saintes ?

VII

LE PUBLICISTE.

IDÉES POLITIQUES.

IDÉES POLITIQUES.

—◇—

D'après ce qu'on vient de lire, notre
jeune publiciste ne pouvait se faire le
séide d'aucun parti extrême. Il devait
être partisan d'une liberté réglée, d'un
pouvoir fort, mais contrôlé. Il acceptait
les conséquences pratiques des principes
proclamés en 1789, à condition que

l'ère des révolutions fût définitivement close, que tous les efforts se concentrassent sur l'œuvre de reconstruction ; il pensait que l'édifice nouveau ne serait solidement assis que s'il conservait à sa base quelques-uns des éléments qui avaient échappé au grand naufrage, épreuve suprême qui en avait consacré la vitalité. Il se montra donc l'adversaire ardent de la démagogie et des utopies socialistes. On aurait tort, on le voit, de le ranger parmi les réactionnaires ; il était seulement de la résistance. C'était un homme gouvernemental ; il a dit pourquoi il a pris ce parti plutôt que celui de l'opposition.

« Cela surprend d'abord de voir la jeunesse dans les rangs du gouvernement ; il semble

que son rôle obligé soit de faire de l'opposition. La surprise qu'un pareil choix excite
chez certains esprits, nous nous l'expliquons
aisément : ce choix ne choque pas en eux un
sentiment juste; non, il contrarie une habitude, déroute un préjugé. Le pouvoir, à leurs
yeux, c'est toujours l'*ennemi, le fléau à
combattre,* et l'opposition, le parti national...
Aujourd'hui que la cause de la révolution est
gagnée, il y a quelque chose de plus généreux
et de plus beau à faire que de toujours détruire, c'est de constituer définitivement la
société (1). »

C'est à dater de l'année 1839 qu'il
aborde les matières politiques; il avait
commencé un peu plus tôt à traiter les
questions philosophiques et religieuses;

____

(1) *Revue nouvelle,* t. II, p. 243.

16.

c'était une sorte de préparation à laquelle
il fut redevable de l'aptitude remarquable
dont il fit preuve dans cette nouvelle
direction. Insensiblement ces sujets sérieux prennent le pas sur les travaux
purement littéraires. En février, il aborde
l'étude de la *Marche des révolutions*, il
la poursuit dans *Paris révolutionnaire*;
il complète l'exposé de ses idées sur
cette matière à la fin du mois de juillet
par un morceau digne d'attention : *Un
demi-siècle de révolutions*. Au mois d'août,
il analyse le livre du prince Louis-Napo-
léon. Il n'est pas surprenant qu'il ne se
soit pas montré prophète quant à l'avenir
que la Providence réservait au prétendant de cette époque ; mais tout patriote
doit applaudir à l'argumentation con-

vaincue au moyen de laquelle Eugène Robin s'efforçait d'écarter de sa patrie adoptive la funeste éventualité qui semblait devoir être la conséquence de l'application des *Idées napoléoniennes*. Écoutons ce langage d'un Belge de cœur :

« La Belgique, protégée par l'alliance intime de deux dynasties, l'est bien plus encore par son existence nationale. En 1792, ce n'étaient que des provinces qu'il s'agissait d'enlever à la maison d'Autriche, et depuis à la maison de Nassau. Aujourd'hui, pour aller jusqu'au Rhin, il faudrait marcher sur un peuple et l'anéantir. La faiblesse même de la Belgique fait sa force. Si elle ne veut pas être française, elle ne le sera pas. L'Autriche, la Prusse et la Russie ont pu s'approprier la Pologne par le droit du plus fort ; la France, qui n'a surtout de prépondérance que par sa mission unique de nation civilisatrice, la France ne peut pas se permettre aujourd'hui cette iniquité. Il ne lui est pas permis, sous peine de suicide, d'anéantir une nationalité sans le consentement du peuple, si petit qu'il soit. Et remarquez qu'en tout ceci nous n'avons envisagé que l'obstacle moral et nullement l'obstacle matériel.

« Que fera donc la France qui s'ennuie chez elle, qui étouffe dans le traité de Vienne et qui, de quelque côté qu'elle veuille pousser une pointe hors de ses frontières, trouvera une triple barrière de montagnes et de nationalités ? Ah ! c'est là une des grandes difficultés de son avenir, ce n'est pas la moins effrayante. »

On trouve encore dans la collection de l'*Indépendant* de cette même année un article sur le rôle et la situation de *la presse en France et en Belgique*, un examen de la *constitution du Danemark* et un travail sur *l'avenir du littoral médi-terranéen*. En 1840, il rompt une lance contre la presse socialiste. On trouve dans chacun de ces travaux une grande hauteur de vues, des aperçus ingénieux, hasardés quelquefois, mais toujours sincères ; le cœur et le style ne font jamais défaut à l'écrivain.

J'ai dit qu'il ne se mêlait point aux débats des questions politiques du moment ; il faisait encore moins de la politique de personnalités. Deux fois cependant il s'est écarté de cette réserve, en examinant des ouvrages sortis de la plume de deux hommes qui ont joué un rôle important avant et pendant la révolution

de 1830. Il a rendu compte de l'*Histoire
du royaume des Pays-Bas depuis* 1814
jusqu'en 1830, par M. de Gerlache, avec
une indépendance de bon goût et un respect sincère pour la personne éminem-
ment respectable de l'auteur. S'il a été
plus dur à l'égard de M. de Potter, c'est
qu'il a cédé à un sentiment, généreux
d'ailleurs ; il ne pouvait s'empêcher de
relever des attaques peu mesurées qui
allaient à l'adresse d'un homme d'État dont
le jeune écrivain se considérait comme
l'obligé. Je me hâte d'ajouter que si le
jugement du critique sur les *Souvenirs
personnels* de M. de Potter est sévère, il
n'est pas injuste. Lors de la discussion de
la loi organique de l'instruction primaire,
en août 1842, le feuilletoniste obtint les

honneurs du premier Bruxelles pour une longue lettre qu'il adressa au directeur de l'*Indépendant*. Mais il traitait là une question d'une portée sociale et se plaçait, pour l'examiner, à un point de vue élevé et dominant les partis. Une citation fera voir qu'il avait bien compris la nécessité de l'indépendance du pouvoir civil, tout en appelant l'intervention du prêtre dans l'école.

« Non, la mission de l'Etat n'est pas si restreinte. Il faut qu'il tienne dans ses mains le progrès intellectuel et moral des masses ; il faut qu'il ait la faculté de mettre fin à des abus que l'on peut prévoir sans dénigrer le clergé. Les ministres de la religion ne sont pas la religion même, et faisons tous nos efforts, pendant qu'il en est encore temps, pour mettre l'Etat entre lui et les soupçons exagérés, injustes souvent, dont il sera l'objet. Que l'Etat ait la direction suprême de l'enseignement primaire, et qu'en aucune occasion, une autorité indépendante ne lui puisse forcer la main. »

Nous voici presque au jour où la brusque disparition de l'*Indépendant* va enlever sa tribune, son organe à Eugène Robin. Seul peut-être de la rédaction du journal défunt, il devait s'abstenir d'entrer dans la rédaction de l'*Indépendance belge* qui, en naissant, recueillait un héritage tombé en déshérence. Il devait à une haute influence la position qu'il avait occupée auprès de la feuille qui disparaissait de la scène politique ; il demeura fidèle à ses premiers patrons. C'est peut-être aussi grâce à cette même influence que, dès les premiers mois de 1843, il avait eu l'honneur de voir sa collaboration acceptée par la *Revue des Deux Mondes*. C'est donc ici le lieu de parler d'un article qui fit grande sensation, et qui parut dans le recueil parisien, le 15 mars 1843, sous le titre de : *La Belgique, sa nationalité, sa situation actuelle*. Cet article fut immédiatement reproduit par l'*Indépendant*. Comme s'il pressentait que, dans quelques mois, il va rentrer dans le pays qui l'a vu naître, mais qui ne le connaît point, il éprouve le besoin de se révéler à la France. Autrefois il voulait se présenter à Paris un drame à la main ; le temps est passé où il nourrissait l'illusion d'une vocation de poëte dramatique ; il a aujourd'hui une conscience plus nette de la nature de son talent ; il a aussi une dette de reconnaissance à acquitter envers la terre hospitalière qui l'a accueilli enfant, qui l'a élevé comme un des siens et à laquelle, en retour, il a voué une filiale affection. Il connaît bien la Belgique; il s'efforcera de la faire connaître à ses compatriotes qu'on a si souvent abusés sur ce sujet. Il leur tiendra un langage tout différent de celui qu'on leur a fait entendre jusque-là.

« On est accoutumé, en France, à considérer le nouvel État belge comme un tronçon détaché d'un empire qui devra se reformer tôt ou tard, et cette prévention se lie à trop de souvenirs, de regrets et d'espérances nationales, pour que le premier mouvement ne soit pas de rejeter la pensée qu'une patrie étrangère puisse naître, encore moins soit née déjà, sur le sol même dont les traités de Vienne avaient prétendu faire la place d'armes de la Sainte-Alliance.

« ... Il importe à la France de connaître la vérité; il faut qu'elle sache ce qu'il y a de solide et de réel au fond de ce fait nouveau, la Belgique indépendante, afin de l'ajuster à ses propres plans d'avenir. »

Les événements qui se sont passés depuis que ces lignes ont été écrites et ceux qui sont sous nos yeux en 1867, sont une éclatante confirmation de cette autre vérité :

« Il me semble qu'un peuple frère, allié intime de la France et servant d'avant-garde à la révolution, vaudrait cent fois mieux, aux

heures de péril commun, que neuf départe-
ments où il faudrait commencer par tarir toute
force et toute séve patriotique, avant d'y trans-
fuser le sang d'une autre nationalité. »

C'est l'histoire à la main qu'Eugène
Robin remonte à la source, suit les développements, retrace les vicissitudes de
cette nationalité belge qui ne demandait,
pour se constituer solidement, qu'un plus
heureux concours de circonstances ; il
retrouve dans le passé tous ces éléments
qui, sagement combinés par notre con-
grès constituant, ont produit nos précieuses institutions.

La nation, fractionnée au moyen âge,
trouve une indépendance féconde dans la
constitution de la commune. Mais le
jeune écrivain ne s'y laisse point prendre,

ce n'est pas encore là pour lui la liberté ;
il en fait la remarque en ces termes, qui
indiquent un esprit juste autant que pénétrant :

« La liberté, au moyen âge, dit-il, diffère
essentiellement de la liberté moderne : elle
était une exception au sein de la servitude
sociale hiérarchiquement organisée, une *franchise*, pour tout exprimer d'un mot, tandis
que celle-ci est un droit universel dont les besoins seuls de la société autorisent à limiter
l'usage. Les communes étaient despotiques et
jalouses, comme tous les privilégiés. Elles ne
songeaient pas plus à combattre, au dehors
d'elles, le principe de la servitude que les
affranchis, dans l'antiquité, n'avaient eu la
pensée généreuse de détruire l'esclavage. »

La Belgique, comme il le démontre, a

17.

plusieurs fois laissé échapper l'occasion de se constituer en État puissant et tout à fait indépendant; Charles le Téméraire a rendu vains les efforts de son père pour arriver à ce but, qui pouvait encore être atteint un siècle plus tard.

« Si Philippe II et ses successeurs n'avaient point réussi à faire rentrer dans le devoir la partie méridionale des provinces révoltées, il n'y aurait eu qu'une république depuis les bords du Zuyderzée jusqu'aux portes d'Arras; la réforme aurait accompli pour jamais ce que la diplomatie avait tenté de fonder en 1815. »

Après avoir montré la Belgique dans son passé ballottée entre diverses dominations, il la dépeint en possession d'elle-même. Il dit comment elle a usé de son indépendance, avec quelle sagesse elle s'est organisée ; il rappelle que, la première sur le continent, elle osa décréter l'établissement d'un vaste réseau de chemins de fer ; il constate les progrès dans toutes les branches de l'activité humaine, industrie, commerce, agriculture, beaux-arts, sciences, et même dans les lettres. Je voudrais effacer de cet article un seul passage, celui qui concerne l'avenir de la littérature flamande ; Eugène Robin a reproduit à ce propos les erreurs que je lui ai déjà reprochées. Sauf ce passage, tout l'article mériterait d'être reproduit et répandu à profusion. Il est toujours opportun de répéter des vérités telles que celles-ci :

« Il se peut encore que la Belgique dispa-

raisse dans une de ces convulsions univer-
selles, que notre temps a vues, et dont la
Providence l'a préservée il y a douze ans.
Mais de quelque part que vînt le coup qui la
renverserait, quelle que fût la puissance qui en
accroîtrait son territoire, et dût celle-ci chercher à la tromper sur son abaissement par la
promesse d'une prospérité nouvelle, cette petite nation a déjà trop savouré le fruit de l'indépendance pour se consoler plus tard de
l'avoir perdue sans retour.

« Désormais, plus qu'à aucune période de
son histoire, elle serait une cause d'inquiétude
et d'affaiblissement pour le peuple qui l'aurait asservie. Ses maîtres auraient beau lui
crier qu'elle était misérable et incertaine du
lendemain ; comme cette femme à qui on rappelait sa jeunesse pauvre et obscure, elle ré-
pondrait que c'était là son temps de splendeur
et de félicité, et, sans motif, sans provocation, sans espoir, elle ferait comme a fait la

Pologne, comme font tous les peuples fiers
qui ont respiré un seul jour l'air pur de la
liberté, elle s'insurgerait pour la joie funeste
d'un jour de vengeance. Enfin, pour tout résumer en deux mots, la Belgique nous semble
ne pouvoir plus être désormais qu'une nation
libre ou une Irlande. »

VIII

CRITIQUE DES BEAUX-ARTS.

ÉTUDES DE MOEURS.

CRITIQUE DES BEAUX-ARTS.

ÉTUDES DE MOEURS.

Le feuilletoniste fait un peu de tout;
il rend compte des fêtes publiques, des
inaugurations de chemins de fer, des bals
de la cour. On ne sait trop dans quelle
catégorie classer ce genre de travaux.
On pourrait leur donner pour titre général les mots : *Études de mœurs contempo-*

raines. On ferait plusieurs volumes pleins d'intérêt de cette partie de l'œuvre d'Eugène Robin ; je me contenterai de rappeler ici la date et les titres des articles de cette série :

Feuilleton du 29 avril 1836 : *Un criminel du siècle* ; du 23 juillet : *Les tueurs de rois* ; du 21 août : *Trois jours au camp de Beverloo* ; du 1er janvier 1837 : *Opinion d'un Bédouin sur le premier jour de l'an* ; 6 février : *Le dandysme littéraire*, j'en ai cité un passage ; les 10 et 13 novembre : *A propos d'un jugement en matière de vagabondage.* Du 1er juillet 1838 : *Empereur et pendu.* Le 2 septembre 1839 : *Descente dans une houillère.* Le 9 mars 1840 : *Un peu de tout.* Le 4 janvier 1841 : *Quelques riens à propos de rien*, daté de

Paris ; du 26 avril : *A bâtons rompus ;*
du 23 août : *Les annonces de Georges
Robins, à Londres ;* du 14 octobre 1841 :
*Représentations de M. Carter et de ses
bêtes.*

Sous la rubrique *Fêtes,* on pourrait
placer : les feuilletons des 31 janvier et
20 février 1836 sur les bals costumés de
la cour ; celui du 30 décembre : *De
Bruxelles à Anvers* (chemin de fer) ; du
24 septembre 1837 : *Inauguration du
chemin de fer de Louvain à Tirlemont.*
Du 1ᵉʳ mars 1841 : *Soirée littéraire du
ministre des travaux publics* (M. Ch. Rogier). Essai qui avait fort bien réussi,
mais qu'aucun ministre n'a renouvelé
depuis, ce qui montre en quelle estime
les lettres sont tenues dans notre monde

officiel ; et du 9 septembre : *Ouverture du chemin de fer de Cologne à Aix-la-Chapelle*.

Les travaux d'Eugène Robin, comme critique des beaux-arts, sont considérables ; je me contenterai de les indiquer en faisant précéder cette énumération de la profession de foi que le jeune écrivain a cru devoir publier en commençant, le 15 septembre 1836, la série des articles dans lesquels il a rendu compte de l'exposition nationale.

« L'art est le verbe éternel de l'humanité. C'est la parole qui a exprimé tout ce qu'elle a senti et qui exprimera tout ce qu'elle doit sentir à chaque grande époque de son existence infinie.

« Tout sentiment, chez l'être multiple ap-

pelé humanité, comme chez l'homme, vient
d'une croyance La croyance de la société, la
foi qui la lie, c'est la religion. L'art n'est autre
chose que la voix qui glorifie la croyance.

« L'homme et la société, quand ils ne croient
plus, se mettent à raisonner. Dès qu'ils rai-
sonnent, ils ne sentent plus. L'art, c'est à dire
l'expression du sentiment universel, se tait
alors ou plutôt est incomplet pour un temps.

« Quand aux siècles de foi ont succédé des
siècles d'examen, à la place d'une croyance
commune, il se forme dans la société mille
croyances individuelles qui, divergentes d'a-
bord, finissent par se rapprocher, se réunissent en un faisceau commun et préparent les
esprits à une foi nouvelle. Il y a donc toujours
des croyances; c'est ce qui fait que l'art ne
meurt jamais.

« Car l'art a deux modes de manifestations.
Il arrive jusqu'à notre cœur par notre esprit
ou par nos sens. D'un côté, c'est l'art écrit, la

poésie parlée, qui donne une forme à la pensée ; de l'autre part, l'art représenté, la poésie
extérieure qui donne une pènsée à la forme.
L'art ne marche point en dehors de ces deux
voies. Mais, aux époques de crise, il est obligé
de se réfugier tout entier dans l'une en aban-
donnant l'autre.

« Et cela se conçoit. L'art qui se manifeste
par les sens est limité et périssable comme
eux. Il leur parle une langue particulière, une
langue qui n'a pas de mots, qui n'a que des
symboles. Il lui est impossible d'exprimer
autre chose que des sentiments, et encore des
sentiments universels que tout le monde partage. Il est donc évident que, quand la lutte
divise la société, les arts extérieurs, qu'on
pourrait nommer les arts d'expression, sont
réduits au silence. La poésie qui s'écrit, qui
s'explique, demeure ; celle qui a besoin qu'on
la devine s'en va. L'art se dédouble et s'ap-
pauvrit. »

Il est demeuré fidèle à ces principes.

Outre le compte rendu de l'exposition de 1836, dont il n'a signé que les deux premiers feuilletons, il a donné dans l'*Indépendant* les analyses dont la désignation suit : du 19 avril 1837, exposition de l'*Institut des beaux-arts* ; août : *Salon d'Anvers* ; octobre : *Salon de Bruges*. Janvier 1838 : *Galerie espagnole du Louvre* ; août : *Salon de Gand*. En octobre : *Une visite au musée de Bruxelles*. En juin 1839, il écrit un feuilleton à propos du *Paris monumental* de M. de Laborde, *La place de la Concorde*. Quelques années plus tard, il insérera dans la *Revue nouvelle* un article sur la même publication et traitant spécialement du palais Mazarin. Le 5 septembre jusqu'au 7 octobre : *Salon de Bruges;* 16 décembre : *Job, tableau à volets de Bernard Van Orley;* 3 février 1840 : *Les tableaux gothiques de la galerie Van Nicuwenhuysen;* les 16 et 23 mars : *Salon de Paris.* Le 24 juin 1841, il fait une analyse raisonnée du tableau de M. Debiefve, le *Compromis des nobles;* juillet : *Salon de Gand.* Avril 1842 : *Salon de Paris.* En août, il commence, sur le salon de Bruxelles, une série de sept feuilletons. Dans son feuilleton du 16 janvier 1843, il étudie la question de l'architecture religieuse à propos de l'église de la Madeleine de Paris. Enfin le 18 avril 1843, il s'occupe de la chaire de l'église de Saint-Paul, à Liége, composition du sculpteur G. Geefs. Pour ne rien omettre, je citerai encore un article du mois de mars 1836, dans lequel il a apprécié la gravure de M. Lhérie reproduisant le tableau de M. Gustaf Wappers, *Le Bourgmestre de Leyde*.

Les artistes belges n'ont eu qu'à se louer de la manière dont le critique a apprécié leurs œuvres; il a rendu une éclatante justice à tous ceux qui faisaient réellement honneur à notre jeune école; il n'a pas contenté toutes les médiocrités, on sait que ce sont lès plus difficiles à contenter.

Quoique sa critique fût habituellement sérieuse, il se trouve avoir donné le premier l'idée d'un genre qui devait l'être beaucoup moins. Voici ce qu'il écrit en septembre 1839 :

« Cependant la peinture, si elle y tenait

bien, aurait peut-être un moyen d'exercer, chez elle et par elle-même, cette critique qui lui est si insupportable : ce serait par la parodie. Ah ! si les lions savaient peindre ! Ce que leur plume exprime d'une manière si obscure et si incomplète, en trois coups de pinceau, ils vous l'auraient dit dans une charge plus éloquente et plus sanglante cent fois que tous les articles de journaux.

« La critique du pinceau par le pinceau est peut-être une innovation qu'appellent les exigences de l'art. Un *Salon grotesque* qui serait le pendant inévitable de tout salon sérieux, ne serait pas peu couru. Mais qui oserait l'entreprendre ? Quel transfuge assez hardi consentirait à révéler lui-même les défauts de l'armure ? Il serait bientôt lapidé comme un traître. »

Nous avons vu depuis bien des *Salons grotesques ;* il n'y a plus maintenant une seule exposition qui ne fasse naître un compte rendu illustré par des caricaturistes qui ne craignent point d'être lapidés.

A l'époque où Eugène Robin suggérait cette idée, il aurait bien pu se charger lui-même des croquis d'un salon grotesque. Au nombre de ses talents naturels, on peut compter celui d'habile dessinateur de charges. Je me rappelle plus d'un dossier de l'administration illustré de vignettes : l'une, entre autres, où l'espiègle commis d'ordre avait représenté *Le grand diable pernoctant ès tours de Sainte-Gudule,* une réminiscence de quelque scène fantastique de *Notre-Dame de Paris.*

Il faudrait encore joindre à la série des articles sur les beaux-arts la majeure partie des relations de voyages. Il est vrai que, dans les trois feuilletons qu'il a intitulés : *Lettres sur Paris*, et qu'on trouve dans l'*Indépendant*, aux dates des 20 octobre, 4 et 8 novembre 1835, il s'occupe plus particulièrement de théâtre. Son voyage à Bruges (28 août 1836) est tout entier consacré à la peinture et à l'architecture du xv° siècle. Quant aux nombreux feuilletons dans lesquels il a raconté, depuis le 27 juillet jusqu'au 4 décembre 1840, son excursion en Suisse et dans le nord de l'Italie, il s'y trouve de tout, mais les monuments de l'art et les galeries de tableaux y occupent une large place.

Je devrais encore parler des questions d'économie politique ou sociale qu'il a

discutées avec talent. Celle de la contrefaçon était à l'ordre du jour ; les traités
n'avaient pas encore réglé cette matière
internationale. Les feuilletons du 14 novembre 1836 et du 18 octobre 1841 : *La
contrefaçon et les contrefacteurs, Quelques
mots en faveur de la contrefaçon*, expo-
sent, dans l'*Indépendant*, les idées que
l'écrivain a encore développées, en janvier 1844, dans la *Revue des Deux Mondes*,
sous le titre de : *Les contrefacteurs belges
et la librairie française*. La question des
droits d'auteurs l'a aussi occupé, d'abord
d'une manière spéciale pour la Belgique :
il a soutenu, à ce sujet, une polémique
avec M. Victor Joly (voir les numéros
de l'*Indépendant* du 24 décembre 1838 et
du 21 janvier 1839) ; il a ensuite examiné

19

cette matière, le 13 janvier 1840, en se plaçant à un point de vue plus général, à propos du livre de M. A. Renouard.

Eugène Robin avait trop de respect de sa personne pour descendre jusqu'à alimenter cette presse anonyme, dénigrante et cynique dont les excès mêmes annulent l'influence. Jamais il n'a écrit une ligne pour ces feuilles immondes, dont le rôle consiste à jeter de la boue à tout ce qu'il y a de respectable. Il a souvent exprimé la répulsion que lui inspirait cet abus du plus précieux instrument qui ait jamais été mis entre les mains de l'homme pour manifester sa pensée.

Tout en continuant sa collaboration à l'*Indépendant*, il a fourni de nombreux articles à un recueil périodique créé, à

Bruxelles, vers la fin de l'année 1839.
Grâce à l'obligeance de l'éminent homme
d'État qui a fondé et dirigé cette remarquable publication, je puis donner, à la
fin de ce volume, la liste exacte des
articles fournis par Eugène Robin à la
Revue nationale. J'ai déjà eu l'occasion
de dire que ces articles ne sont pas
signés.

Eugène Robin n'a mis au jour aucun
ouvrage important, à l'exception des
poëmes dramatiques dont il a été parlé
plus haut. On trouve cependant des
productions de sa plume dans deux publications belges, illustrées par le crayon
de nos plus habiles dessinateurs : la bio-
graphie de P.-P. Rubens, dans *les Belges
illustres* ; et, dans *les Scènes de la vie*

des peintres, les pages consacrées à Antoine Van Dyck.

Il a été aussi l'un des collaborateurs de *la Belgique monumentale ;* il n'y a inséré qu'un seul article, une notice historique et descriptive sur la ville d'Anvers. J'en veux citer un passage. Il s'agit de la tour de Notre-Dame :

« Cette flèche est d'un aspect très-imposant ; la physionomie du pays d'alentour, qui ne présente aucun mouvement de terrain, contribue beaucoup à en augmenter la proportion colossale. On découvre du haut de la galerie supérieure un horizon d'un prodigieux diamètre : le Brabant septentrional, tout le cours de l Escaut, jusqu'à la mer, les polders sans fin de la Flandre zélandaise, les plaines de la Campine ; du côté de Bruxelles, la vue est plus limitée ; le paysage, plus brisé, plus coupé de clôtures et plus parsemé de villages, semble s'élever au-dessus de ce niveau uniforme qui, de tous les autres points, va se confondre avec la mer. Malines s'aperçoit très-distinctement et, par les temps clairs, on devine Bruxelles. Qu'il nous soit permis de rappeler ici ce que nous avons dit, dans un autre recueil (1), sur l'impression que produit l'aspect d'un chemin de fer contemplé de si haut. Celui qui relie Anvers à Bruxelles est compris tout entier, comme on sait, dans l'horizon qu'on embrasse du haut de cet observatoire. La tour de Saint-Rombaut de Malines semble un immense poteau placé exprès pour marquer le point intermédiaire. Au moment où nous jetions les yeux sur cette magique voie que l'hippogriffe de fer parcourt avec la rapidité de l'oiseau, un convoi passait,

____

(1) Voir la *Revue nationale*, t. VII, p. 199.

un autre entrait dans la station. L'air chargé d'humidité blanchissait la longue colonne de vapeur et la rendait visible à nos yeux. Le convoi qui entrait paraissait se traîner péniblement sur le sol ; celui qui sortait, plus lent encore, rampait comme un limaçon qui traverse un chemin. Cependant il s'éloignait toujours ; nous le suivîmes longtemps du regard. Sa bannière de fumée le trahissait le long des replis du terrain, derrière lesquels il disparaissait parfois, et marquait son passage à travers les villages et les bouquets de bois qui varient l'aspect monotone de ces riches campagnes. Sans l'heure avancée du soir, nous l'aurions suivi peut-être du regard jusqu'à la station de Malines, dont les nombreuses lumières répandaient déjà dans le lointain une pâle phosphorescence, et nous ne pouvions nous empêcher de nous écrier en nous-même : Quoi ! c'est là cette puissance de locomotion si effrénée, si rapide, qu'elle nous donnait le vertige lorsque, emportés pour la première fois sur ses roues enflammées, nous vîmes fuir devant nous, comme dans un songe, les villages, les forêts et les plaines ! Tant de vitesse sur le sol et tant de lenteur à cinq cents pieds plus haut ! Et la matière croyait avoir déjà les ailes de l'oiseau, et elle aspire à dépasser un jour celles de la pensée ; et le génie moderne, dans l'enivrement de ses propres miracles, est bien près de se dire : Qu'est-ce que Dieu pense de sa créature, quand il la voit dévorer ainsi la distance ? Hélas ! Dieu la voit toujours ramper, puisque, à mi-chemin des nuages, un œil mortel perd déjà la conscience de cette vitesse effarée qui l'éblouissait tout à l'heure. Et comme la nuit était venue, levant les yeux vers la lumière scintillante de quelques étoiles qui perçaient déjà le linceul brumeux d'un ciel d'automne, nous nous mîmes à penser que nous aussi, et cette terre qui nous porte, nous courons entre des millions de soleils avec une rapidité dont n'approche point celle d'un boulet de canon et que pourtant nous ne nous en apercevons pas. Puis, revenant à l'homme et aux œuvres diverses qu'il accomplit de siècle en siècle, il nous semblait que, si le caractère d'une société disparue se manifeste dans le mouvement tranquille du passé, cette grande chose de l'instant était bien aussi l'expression mobile et fugitive de la nôtre, et qu'à cette distance, la comparaison n'était pas si fort à notre avantage. L'œuvre d'un siècle spiritualiste plane encore dans son immutabilité sur la découverte d'une société nouvelle aux prises avec la matière. Ils travaillaient en hauteur, nous nous traînons sur la surface. Nous avons étendu nos conquêtes; l'ombre des siennes les dépasse encore. Ah! l'industrie ne peut être le dernier mot de l'avenir; non, quoique nous l'ayons pensé quelquefois, nos chemins de fer ne sont pas nos cathédrales. Le souffle qui pétrissait le granit respire encore à travers ces pierres; la société qui sut bâtir ces nobles monuments y a laissé de son âme. Mais qu'un orage éteigne le feu qui soutient aujourd'hui cette vie factice du fer, dont nous sommes si vains, que restera-t-il? Des squelettes prêts à tomber en poudre. Est-ce là tout ce qui doit nous survivre? Quand le principe de la vie qui s'agite en nous se dégagera-t-il de sa forme terrestre et périssable? Quand édifierons-nous notre temple? »

Cette page n'est-elle pas digne d'être conservée?

Tels sont les résultats d'une carrière littéraire de moins de dix ans et dont la Belgique a été l'inspiratrice et très-souvent l'objet. Pendant tout ce temps, Eugène Robin a vécu de notre vie, s'est inspiré de nos sentiments et, par le cœur, a été

véritablement Belge ; toutes ses affec-
tions, tous ses intérêts se sont trouvés de
ce côté-ci de la frontière française, qu'il
n'a repassée que pour son malheur. Avant
de le suivre à Paris, où il espérait trouver
la gloire, épuisons ce qui nous reste de
notes biographiques touchant son séjour
à Bruxelles.

J'ai dit plus haut qu'il avait une sœur
aînée et un frère plus jeune que lui.
Celui-ci, se destinant à la profession des
armes, était entré à l'école militaire, il
faisait partie d'une des premières promo-
tions. Nous étions encore bien près
de 1830, le souffle révolutionnaire qui
avait agité tous les esprits avait réveillé
nos instincts belliqueux ; le duel était
plus que jamais en honneur ; dans tous

les rangs, c'était comme une épidémie ;
il ne se passait pas de jour qu'on n'en-
tendît parler d'une provocation ou d'une
rencontre et celles-ci avaient souvent
une issue tragique. Le frère d'Eugène
tomba victime de ce préjugé sauvage,
auquel on obéit tout en le condamnant.
Frappé du plomb d'un de ses camarades,
il paya de sa vie je ne sais quel propos
frivole. Bien longtemps après, le frère
survivant nous dit combien ce cruel événement l'avait impressionné.En rendant
compte, dans le deuxième volume de la
Revue nationale, de la vie et des œuvres
de Victor Hugo, il rappelle que l'illustre
poëte avait aussi, dans sa jeunesse, perdu
un frère bien-aimé :

« C'est la première perte douloureuse qu'il

avait faite, ajoute notre critique. Il l'aimait tendrement (ce frère) comme on aime le compagnon des joies si pleines et des chagrins si sérieux de l'enfance. Il l'a célébré dans des vers pleins de mélancolie. Ceux que la mort a séparés brusquement d'un frère au début de la vie, sentiront que de pareils vers sont partis du cœur. C'est là une de ces amertumes qui vous feraient poëte, si on ne l'était déjà. »

Ce simple mot vaut pour moi une élégie. Je n'ai trouvé, dans le petit cahier aux coins verts, aucune pièce qui se rapporte à la mort du jeune élève de l'école militaire ; toutes les dates qu'on y rencontre sont antérieures à l'événement et, bien plus, Eugène a écrit après la page 88, qui est la dernière du cahier, les deux lignes suivantes : *Ce volume a été trouvé dans le tiroir de Charles, à l'école, après sa mort*. E. R. Le jeune poëte avait-il confié à son frère ces pages confidentes de ses pensées et de bien d'autres choses? J'aime mieux supposer que le plus jeune des deux frères avait soustrait à l'autre le calepin pour satisfaire une curiosité peu justifiable.

L'écrivain qui ne possède, en Belgique surtout, que le produit de sa plume pour toute ressource, n'est guère en mesure de faire un établissement quand il a le cœur trop haut pour rechercher un mariage d'argent ; Eugène est demeuré célibataire. La distinction de ses manières, les agréments de sa personne lui conciliaient la sympathie autant pour le moins que ses talents ; mais dans certain club où il avait été reçu grâce à des recommandations puissantes, il eut l'occasion de s'apercevoir que le talent et une parfaite honorabilité ne suffisent pas pour se faire accepter complétement par la caste aristocratique. Cette découverte le fit souffrir ; il était susceptible, ainsi que lé sont toutes les natures délicates.

Ce n'était pas seulement par ambition, mais aussi par un besoin instinctif de comme il faut, qu'il cherchait à frayer avec les classes élevées ; il espérait y rencontrer et l'élégance des façons et la noblesse des sentiments ; il croyait encore à ce vieux dicton, aujourd'hui bien suranné : Noblesse oblige. Par la même raison, il fuyait les compagnies sans gêne et débraillées, où fleurissent la mystification et la charge des ateliers d'un autre âge ; il avait cette Bohème-là en horreur. Je me rappelle le dégoût profond qu'il témoigna un jour, dans une petite réunion, où quelques artistes français, un peintre de marine entre autres, s'étaient mis en frais de gaieté en vue de perfectionner l'éducation intellectuelle et morale du jeune feuilletoniste.

Il avait une idée plus haute de la dignité de l'art et de la mission de l'homme de lettres. Il n'a jamais varié sur cette question. Il s'exprimait en ces termes dans un de ses derniers écrits :

« Dieu merci, le rang et la mission des lettres n'ont pas changé dans notre société. De tous les temps elles furent une république patricienne, elles le seront encore, car l'aristocratie de l'intelligence restera seule debout,

si toutes les autres doivent cesser d'être.
L'empire du monde, quoi qu'on fasse, appartiendra toujours au petit nombre. Dans les
démocraties mêmes, la conduite des affaires
n'est-elle pas le partage exclusif de quelques
puissants esprits? Ainsi, à plus forte raison,
le domaine de la pensée, la souveraineté de
l'art sont faits pour les ambitions orgueilleu-
ses, pour les vocations dévouées Philosophes, artistes, poëtes, et pourquoi pas criti-
ques? c'est une carrière libre que la vôtre.
Que sont auprès des volontés vives et du sentiment du devoir, les ressources que d'autres
trouvent dans un vil métier? » (*Revue nouvelle*, t. XI, p. 14.)

Sa place, il le sentait, était au haut,
non au bas de l'échelle sociale ; mais il
reconnaissait qu'il ne suffit pas, pour
s'élever, de se sentir du talent, qu'il était

indispensable que son mérite éclatât à tous les yeux. Se faire un nom avait été l'ambition secrète de sa première jeunesse; le temps avait marché, il lui fallait, à tout prix, et sans plus tarder, conquérir ce nom, ce titre, cette position, qui assurent de droit un rang dans le monde.

C'est ce besoin qui le détermina à quitter Bruxelles pour Paris, où ses débuts dans la *Revue des Deux Mondes* lui donnaient l'espérance d'atteindre enfin son but.

Au nombre des souvenirs que j'ai recueillis auprès des membres de sa famille, il en est un suivant lequel, à une époque qu'on ne précise point, mais qui devrait se rapporter au temps du ministère de 1840 et de sa collaboration à la

Revue nationale, M. P. Devaux lui aurait offert une chaire à l'université, et que le jeune écrivain aurait répondu par un refus, disant qu'il n'avait pas la taille. Je n'ai jamais entendu parler de ce fait dans les bureaux.

Il alla plusieurs fois à Londres; il fut même chargé de dépêches qui le mirent en rapport avec d'éminents personnages. Il a raconté lui-même, dans la *Revue nouvelle*, la rencontre qu'il fit du comte de Chambord, sur le bateau à vapeur qui amenait le prince exilé d'Angleterre à Anvers. Il eut l'honneur d'être présenté au prétendant par M. le duc de Lévis.

Ce qu'il y a de certain, c'est qu'Eugène Robin avait en Belgique les plus belles relations, ce que constatent une foule de

lettres signées des noms les plus illustres
dans les arts, la littérature et la diplomatie. A propos de son article sur la
papauté, M. de Montalembert lui écrivait : « Vous dites que vous n'êtes pas
chrétien ; mais vous vous méconnaissez.
Dieu vient à vous. » Le roi Léopold Ier
faisait grand cas de son talent ; il l'a en-
couragé très-efficacement ; il disait en
parlant du jeune écrivain : « Mon petit
Robin ira loin. »

IX

DERNIÈRES ANNÉES.

DERNIÈRES ANNÉES.

—◇—

C'est en mars 1843 que la *Revue des Deux Mondes* avait inséré le premier article d'Eugène Robin, celui dont j'ai parlé plus haut et qui avait pour objet *la Belgique et sa nationalité*. Ce n'est pas sans peine qu'on obtient de travailler pour cette publication répandue dans le monde entier, et les obstacles sont surtout difficiles à vaincre si l'écrivain vient de la Belgique. Il avait fallu au feuilletoniste de ·l'*Indépendant* plus d'une année de négociations pour obtenir cette insigne faveur. J'ai trouvé dans une lettre qu'il écrivait à un ami, le 23 février 1842, le passage suivant qui fixe d'une manière précise le point de départ de sa collaboration au recueil parisien : « Je suis dans le coup de feu du travail que je prépare pour la *Revue des Deux Mondes*. Ne croyez pas que je compte sur l'insertion. Il est dans mon caractère de désespérer d'abord radicalement ; un commencement de succès me rend ensuite ma confiance. Mes lèvres sont encore trop loin de la coupe ; mais je ferai tout mon possible pour en approcher. »

Il était donc parvenu à ses fins avant que la suppression de l'*Indépendant* le mît dans la nécessité de se créer une nouvelle position ; quand l'événement arriva, il se tourna naturellement vers Paris, l'objet constant de ses aspirations. Ses patrons s'étaient efforcés de le retenir en Belgique, mais il avait décliné toutes les propositions. Il quitta d'abord Bruxelles, comme pour une simple absence de peu de durée, mais il prolongea de mois en mois son séjour à Paris, multipliant les démarches afin de se faire une situation sortable et stable dans la presse. Le 18 avril 1844, il rend compte à un ami du résultat de ses courses :

« J'ai vu ce matin M. Buloz et nous avons causé longuement de la grande affaire. La transformation de la *Revue de Paris* a lieu enfin le 2 mai. J'y écrirai ainsi que dans la *Revue des Deux Mondes...* M. Thiers a proposé pour la critique de la presse périodique (seule place fixe de la nouvelle entreprise) un jeune homme qui ne fera pas l'affaire, dit M. Buloz. Elle me reviendra... Le *Burdett*, remanié et fait comme j'avais primitivement l'intention de le faire, c'est-à-dire satiriquement, paraîtra dans le premier ou le second numéro de la *Revue de Paris*. M. Buloz m'a demandé un travail sur le publiciste anglais Sidney Smith. J'avais rapporté précisément ce sujet de Londres. Enfin je n'ai qu'à travailler. Plus de démarches à faire. »

Un détail de sa conversation, lorsqu'il fit ses arrangements avec le directeur des deux Revues, nous montre que Robin n'avait pas rompu les engagements qu'il

avait contractés à Bruxelles, où des personnages puissants lui réservaient quelque position en dehors de la carrière du journalisme. « M. Buloz m'a exprimé la crainte que je ne l'abandonnasse au bout d'un an. Je lui ai répondu : « Je mettrai
« cartes sur table avec vous. A toute
« position qui peut m'être offerte, je
« préfère toujours la carrière littéraire.
« Vous jugerez vous-même, à l'époque
« où l'on aura besoin de moi à Bruxelles,
« s'il ne vaut pas mieux que j'abandonne
« les lettres. — Or, il paraît persuadé
« (M. Buloz) que je ferai mon chemin. »

Eugène Robin fut immédiatement associé à la double entreprise dont M. Buloz était le chef. Il donne lui-même, le 15 juin, quelques détails intéressants sur la nature des fonctions qui lui étaient confiées et sur la manière dont elles devaient être rétribuées :

« Je demeurerai, à partir du 17, rue des Beaux-Arts, 9, presque vis-à-vis de la *Revue.* Je reçois 200 francs par mois d'appointement pour les *Tablettes* (de la *Revue de Paris*). La colonne de la *Revue de Paris* est payée 12 francs. Mes articles comptent à part. M. Buloz m'ouvre la *Revue des Deux Mondes* à mon gré. Ce n'est que dans deux mois que je saurai au juste quel sera mon revenu. Me voilà casé et j'ai bon courage. »

Le souvenir lui revient de quelques engagements qu'il paraît avoir laissés en souffrance à Bruxelles.

« Je vous envoie, dit-il à son ami, un billet pour M. Devaux. Si vous le voyez, soyez mon avocat. Je lui ai manqué forcément de parole. Je craindrais qu'il n'y vît un procédé peu délicat, et j'ai peur qu'il se soit trouvé dans l'embarras. Demandez-lui s'il faut que je continue l'article sur *Rancé* pour la livraison prochaine. »

Au tome onze de la *Revue nationale,* on trouve en effet un article sur l'ouvrage de Chateaubriand. La suite prévue n'a pas été faite.

La situation ne dura guère. Dès la fin de décembre, Robin rompt son contrat avec le directeur de la *Revue des Deux Mondes,* à la suite de quelques exigences de celui-ci qui, en sa qualité de chef de l'entreprise, avait la prétention d'imposer ses idées à ses collaborateurs. Ce joug était insupportable à notre écrivain, qui voulait avoir son franc parler. Un de ses collègues, **M. E.** Forcade, suivit son exemple : ils conçurent, à eux deux, le projet de fonder une publication, qui fut la *Revue nouvelle*. Je vais encore laisser parler la correspondance où j'ai déjà puisé :

« Cette prétention (de **M.** Buloz) a provoqué des luttes intérieures qui nous ont inspiré, à Forcade et à moi, la pensée de sortir des *Revues* et de fonder un recueil où nous développerions le système de politique européenne et nationale dont mes travaux dans l'*Indépendant* m'ont fait, à la longue, une conviction. Projet hardi, généreux, plein de périls, hérissé d'obstacles ; car il ne s'agit de rien moins que de jeter la vie, la jeunesse, l'enthousiasme dans le courant même des idées qui semblent le plus les exclure, et de proclamer le régime fondé en 1830, le commencement d'une nouvelle ère de grandeur pour la France. Ce projet, nous nous en étions parlé vaguement l'un et l'autre, avant mon excursion en Belgique ; à notre retour, des ennuis nouveaux nous ont engagés à en précipiter l'exécution. Le premier du mois (décembre 1844) je suis sorti tout gaillard des deux Revues, comme si j'avais trente mille livres de rente au soleil. Vous savez que je n'hésite pas sur les grandes résolutions. Forcade fait de même ; notre groupe était formé : Forcade, Durieux, Limayrac et moi de la *Revue des Deux Mondes*, Molesnes, qui s'était retiré depuis un an; Gobineau, qui est au *Commerce*; M. de Villarceaux, leur ami. M de Lasteyrie devait nous venir. Un jeune pair de France, M. d'Harcourt, aussi. M. de Rémusat savait notre projet et, bien que centre gauche forcené, y souriait. Enfin, les premiers fonds étaient faits par un ami intime de Forcade, M. Couturier de Versne. Mais voilà

que notre groupe s'est affaibli par la tête.
M. Limayrac s'est retiré d'abord; M. Durieux,
en voulant se porter intermédiaire entre
Buloz et nous, a fini, de la meilleure foi du
monde, par stipuler la rentrée aux *Revues*
pour nous deux, sans nous. Pendant vingt-
quatre heures, notre projet a été à vau-l'eau.
A présent il prend une meilleure tournure et
c'est lundi que tout se décidera.

« Si notre projet rate, nous ne rentrerons
à la *Revue des Deux Mondes* que par la
brèche, libres d'écrire selon nos convictions;
c'est-à-dire qu'à moins d'un miracle, notre
rentrée est impraticable. Pour la *Revue de
Paris*, il n'en est plus question, nous n'y vou-
drions plus mettre une ligne.

« Quoi qu'il arrive, je suis déterminé à
n'écrire, à Paris, dans la presse, que ma pensée et à écrire toute ma pensée. Il est inutile
que je sois censé être à la *Revue des Deux
Mondes* pour y faire un article en six mois.

« Vous jugez si l'abandon volontaire de mes moyens d'existence, l'incertitude de l'avenir contribuent à m'égayer. »

En effet, la *Revue des Deux Mondes* n'avait encore donné que deux articles de notre publiciste : celui dont j'ai déjà parlé, et un autre sur la *contrefaçon belge et la librairie française*. M. Buloz n'en accepta plus qu'un seul, celui qu'il avait demandé, le 18 avril, sur le révérend *Sidney Smith,* et qui parut seulement dans une des livraisons du mois d'octobre.

La *Revue nouvelle* naquit donc d'une petite révolution de sérail dont le despotisme de M. Buloz aurait été la raison déterminante. Robin la dirigeait ; il en revoyait tous les articles. En parfaite

communion de principes avec ses collaborateurs, il n'eut plus à faire le sa-
crifice de ses idées. Il défendit, avec
une entière indépendance, les opinions
philosophiques et religieuses qu'il s'était
formées, et combattit avec vigueur les
utopies socialistes ainsi que la démagogie
débordant alors de toute part.

Un des premiers articles qu'il écrivit
pour la *Revue Nouvelle* fut consacré à
l'analyse des écrits politiques de M. Guizot pendant la Restauration.

L'illustre homme d'État ne dédaigna
point de remercier par écrit l'obscur écrivain : « C'est un bonheur, lui dit-il,
d'être apprécié par un homme de votre
mérite. » Je ne pense pas que M. Guizot
fût prodigue de ce genre de certificats.

La lettre contenait aussi une invitation aux *Vendredis* du ministre.

Ce fut pour E. Robin une introduction dans le haut monde intellectuel parisien. Rien ne convenait mieux à ses goûts ; il était fait pour y trouver des succès. Au nombre des salons qui l'accueillirent, je citerai, en première ligne, ceux de la famille de M. Benjamin de Lessert ; son talent et son caractère y furent également appréciés. Il y reçut même un jour une véritable ovation ; une fête fut donnée en son honneur à la maison de campagne de cette famille, à Passy. Il venait d'écrire, à propos du roman de M. Eugène Sue, *Martin l'enfant trouvé*, un article dans lequel il avait flagellé, de main de maître, cette déplorable littérature qui semblait

n'avoir d'autre but que de détruire le respect de toutes les supériorités sociales.
Cette fête surexcita son ambition. Des
hommes considérables dans l'État avaient
exalté son talent ; on avait porté un toast
« au courageux écrivain qui avait vengé
la société des flétrissures d'Eugène Sue. »

Ces succès furent sa perte ; dès ce moment, il voulut mener de front les plaisirs
et les affaires, le monde et le travail.
Lui qui, pendant son séjour à Bruxelles,
avait un peu vécu en Sybarite, dormant
volontiers la grasse matinée, écrivant à
ses heures, il crut pouvoir violenter sa
nature et imposer à son corps les capri-
cieuses volontés de son esprit. Au lieu
de chercher dans un sommeil réparateur
des forces nouvelles pour le labeur écra-

sant qu'il s'était imposé, il donnait aux relations du monde le temps que réclamait le repos.

Voici quel était l'emploi de ses vingt-quatre heures. Il n'est pas inutile de mettre cet exemple sous les yeux des gens de lettres, surtout de ceux qui, débutant dans la carrière, se fient sur la force de leur constitution pour abuser des deux plus grands destructeurs de notre santé, le travail et le plaisir. Il consacrait aux affaires de la *Revue nouvelle*, révision des articles, correction d'épreuves, correspondance, etc., de midi à sept heures. Le dîner, le spectacle, les soirées le retenaient jusqu'à une heure du matin. Rentré chez lui, il faisait un feu d'enfer, allumait quantité de bougies, — il ne pouvait composer, disait-il, à moins qu'il ne fût éclairé comme dans un bal. — Il écrivait, en fumant des cigares de Manille, jusqu'à sept heures du matin. Rarement il se couchait, il se contentait le plus souvent d'aller se rafraîchir la tête par une promenade au boulevard ou aux Tuileries.

Une nuit qu'il se livrait à ce labeur dévorant, Eugène ressentit, tout d'un coup, une violente commotion cérébrale, comme d'un ressort qui se serait brisé; il ne perdit point connaissance, mais le grand trouble qu'il éprouva le contraignit à se mettre au lit.

Le médecin, appelé dès le matin, constata une fièvre ardente accompagnant un transport au cerveau. L'affection aiguë céda à quelques semaines de traitement, mais les facultés mentales restèrent affaiblies. On conseilla au malade un repos absolu et le changement d'air. Il se décida à aller demander les soins de sa sœur et de sa mère.

C'est au mois de mars 1847, après un peu plus de trois ans d'absence, qu'il rentra dans la ville où s'était écoulée sa jeunesse, où son talent s'était formé et avait grandi, où il s'était concilié tant de douces et brillantes relations, et qu'il n'avait quittée qu'avec l'espoir d'y revenir un jour dans une situation plus élevée. Un moment, ses rapports avec le ministre des affaires étrangères de France lui avaient montré, dans un avenir prochain, la réalisation de ses rêves ambitieux;

M. Guizot lui avait laissé entendre qu'une place de secrétaire ou de conseiller à l'ambassade de France, à Bruxelles, lui ouvrirait à deux battants les portes d'un monde dans lequel son talent lui avait bien permis de se glisser autrefois, mais où il savait trop qu'il n'avait été que toléré. Et voilà qu'il s'en revenait morne et découragé, condamné à une obscurité oisive. Il ne se faisait point illusion ; sa carrière était brisée, la maladie ne lâcherait point sa proie ; car, dans les moments où il pouvait envisager sa situation avec calme, il était bien forcé de reconnaître que l'organe qui seul pouvait être l'instrument de sa fortune, le cerveau, avait perdu son énergie. Cette découverte, quand il y pensait trop, l'exaspérait ;

le mal ainsi s'alimentait lui-même. Que de fois n'a-t-il pas dû se rappeler les aspirations enthousiastes de sa jeunesse, alors qu'il se promettait, pour l'âge de trente ans, la gloire ou la mort! Il avait atteint sa trente-cinquième année, il avait seulement entrevu la gloire, mais la mort était là qui l'empêcherait bien d'y atteindre. Son intelligence s'affaissa tout à fait sous le poids de l'orgueil réduit à l'impuissance. Bientôt des propos et des actes extravagants rendirent la séquestration nécessaire.

Un personnage haut placé, qui lui avait toujours voulu du bien, et qui souvent lui en avait fait, vint en aide à sa famille hésitant d'accomplir un acte, hélas! indispensable. Il commanda à l'écrivain, dans

un de ses moments lucides, un travail
politique important et, disait-il, pressé.
Ce travail réclamait le calme et la
solitude de la campagne. Robin se laissa
mettre en voiture, croyant que son
protecteur le conduisait au château d'un
ami. C'est ainsi qu'il entra dans la maison
de santé de M. Kalcker, sur la chaussée
d'Uccle, lez-Bruxelles.

Il y mourut le 31 juillet 1848.

Le surlendemain, 2 août, l'*Indépendance belge* annonçait la triste nouvelle à
ses lecteurs. L'article était signé **XX**;
on y reconnaissait plus que la plume
d'un collaborateur, le cœur d'un ami.
Dans l'énumération des travaux du défunt que rappelle cet article nécrologique,
j'ai remarqué cette phrase : « De ce

nombre était une *histoire des idées politiques* dont il nous avait lu quelques cha-
pitres avant de nous quitter, et qui lui
eût fait une belle place parmi les écrivains
penseurs. »

Qu'est devenu cet ouvrage? Il n'en
est fait aucune mention dans les docu-
ments qui m'ont été communiqués par la
famille.

Le dimanche 13 août, un autre de ses
amis donna, dans le *Journal des arts* qui
en était à son 2ᵉ numéro et qui, je pense,
n'a guère poussé plus loin sa carrière, un
article plus étendu, signé C. D (1). C'est à
peu près tout le bruit qui s'est fait autour
de cette tombe.

____

(1) M. Charles De Leutre.

Il ne m'appartient point de porter un jugement sur la valeur de cet écrivain. Je ne commettrai point l'irrévérence de le comparer aux maîtres de l'art des siècles passés, encore moins de l'égaler aux illustrations contemporaines. Le lecteur intelligent saura bien lui assigner une place parmi les J. Janin, les Sainte-Beuve, les G. Planche et les Th. Gautier.

« Les immortels ne doivent pas nous faire dédaigner les éphémères. Ce qui a vécu de la vie de cœur et de l'âme, ne fût-ce qu'un jour, ne fût-ce qu'une heure, a droit à nos souvenirs. »

Je cherchais des arguments pour justifier le choix de mon sujet, lorsque je rencontrai cette bonne et généreuse pensée dans un article de la *Revue des Deux Mondes*, du 1ᵉʳ avril 1867, signé Saint-René Taillandier, et je m'en suis emparé.

Je poursuivrai donc, sans me presser toutefois, la publication de ma *Galerie de Contemporains* ; je m'efforcerai de réveiller, ne fût-ce que pour un instant, et chez un petit nombre de lecteurs, le souvenir de ces oubliés d'hier qui méritent une plus longue mémoire et dont les travaux, religieusement recueillis, seront un jour autant de pierres pour constituer les premières assises d'un monument plus digne qui s'élèvera en l'honneur des lettres belges.

Je sais bien que, même en m'adressant au public belge, je parle à des incrédules ;

mais ma foi n'en est pas moins robuste :
la littérature nationale existe. Elle est
peut-être à l'état où se sont trouvées,
pendant dix-huit siècles, les villes d'Her-
culanum et de Pompéi. Un jour viendra
qu'elle sortira des cendres qui la recou-
vrent, grâce à la persévérance de quelques
pieux explorateurs.

Riez tant qu'il vous plaira, messieurs
les spéculateurs en librairie, en théâtres
et en journaux ; continuez à aider à
étouffer, sous les scories du volcan parisien, les plus généreux élans de la Muse
indigène ; étalez aux vitrines, faites ré-
sonner sur la scène les productions épi-
cées des romanciers à la mode et les
accents relevés de la *langue verte* ; rem-
plissez vos colonnes de tout ce que l'on

pousse d'immonde dans la grande sentine européenne ; corrompez le goût en même temps que la morale ; il ne se peut point que cela dure toujours. Le réveil viendra, et le succès appartiendra aux peuples qui auront conservé leur jeunesse avec leur caractère séculaire. A moins que la Belgique ne cesse d'être une terre belge, elle aura une glorieuse littérature nationale.

Articles que Robin a signés dans la REVUE NATIONALE *et dans la* REVUE NOUVELLE (1).

I. REVUE NATIONALE.

Premier volume. — 1839.

Avenir de la littérature en Belgique, p. 60.
Études littéraires. Walter Scott, p. 126.
OEuvres choisies de Milton, p. 409.
Revue du Salon de 1839, p. 185.
Galerie de M. Van den Schrick, p. 564.

---

(1) La *Revue nouvelle* a été fondée en 1845. Elle parut, un volume pour deux mois, de janvier en septembre. En octobre, elle devint semi-mensuelle. Le numéro du 15 forme le Ve. Le VIe se compose des deux livraisons de janvier 1846. A partir de février, quatre livraisons ou deux mois forment un volume. Le XIIe volume comprend décembre 1846 et janvier 1847. La dernière livraison a paru le 15 août de cette même année.

Deuxième volume. — 1840.

Vie et écrits de Washington, p. 99.
Histoire des Osmanlis, par Rancke, p. 265.
Sur la vie et les œuvres de V. Hugo, p. 293.
Vie de Washington (suite), p. 415.

Troisième volume. — 1840.

Études sur l'Espagne, p. 129.
Précis de l'histoire de la littérature française, p. 251.
Pierre-Paul Rubens, p. 346.
Souvenirs de la Suisse, p. 445.

Quatrième volume. — 1840.

Le romancier Cooper, p. 107.
L'abbé de Rancé, par Ludovic, p. 586.
Collection des auteurs latins, p. 492.

Cinquième volume. — 1841.

Les cent jours, par Capefigue, p. 154.
De Liége à Aix la-Chapelle, p. 140 et 177.

La Divine comédie du Dante, p. 238 et 347.

Les romans sataniques, par Eugène Sue, 1re partie, p. 233; 2e partie, p. 247.

Sixième volume. — 1841.

Faust de Gœthe, p. 58.

Formation de la langue française, p. 131.

Alfred de Musset, p. 197.

Révolutions des peuples du Nord, p. 290.

Septième volume. — 1842.

Histoire de France sous Louis XIII, p. 35.

Monuments. Sainte-Gudule, p. 150.

Monuments. Anvers, p. 199.

Économie sociale, p. 295.

Huitième volume. — 1843.

Paris depuis douze ans, p. 121.

Histoire de dix ans, p. 185.

Neuvième volume. — 1843.

Du roman des Mystères de Paris. p. 131.

Dixième volume. — 1844.

Vie et caractère de Barnave, p. 57.

L'église de Westminster, p. 114.

André Chénier, par E. Wacken, p. 149.

Nouvelles constructions du parlement anglais, p. 179.

Onzième volume. — 1844.

Rancé, par Chateaubriand, p. 5.

II. REVUE NOUVELLE.

Histoire de dix ans, par Louis Blanc, t. Ier, p. 149.

OEuvres politiques de M. Guizot, publiées pendant la Restauration, t. II, p. 204.

Histoire du Consulat et de l'Empire, par M. Thiers, t. III, p. 140.

Sybil ou les deux nations, par M. B. Disraéli, t. IV, p. 221.

Politique commerciale de la Belgique, t. V, p. 41.

L'auteur de Robinson Crusoë. Daniel de Foë, t. V, p. 401.

OEuvres politiques de Henri Fonfrède, t. VII, p. 5.

Socialistes et Chrétiens, t. VII, p. 637.

Réception de M. Vitet à l'Académie française, t. VIII, p. 95.

Nélida. Critique litteraire, t. IX, p. 155.

Un livre de parti. Souvenir de voyages de Mgr le duc de Bordeaux, par M. le comte de Locmaria, t. IX, p. 337.

Lettres et dépêches de l'amiral Nelson. Trois articles, savoir : au t. IX, p. 611 ; t. X, p. 5; t. X, p. 574.

Étude sur la littérature contemporaine. Martin l'enfant trouvé, par Eugène Sue, t. XI, p. 1.

Utilitaires et poëtes. Thomas Hood, t. XI, p. 430.

L'Opinion catholique dans la session prochaine, t. XII, p. 302.

Paris monumental. Le palais Mazarin, par M. le comte de la Borde, t. XII, p. 447.

FIN

TABLE DES MATIÈRES.